SALTO

Die Geschichte der Menschen ist an den Dingen abzulesen, die sie hergestellt und benutzt haben. Vom Bronzegefäß bis zum Fernseher: Menschen richten sich mit Alltagsgegenständen, Kunstwerken oder rituellen Objekten in der Welt ein. Viele Gegenstände scheinen eine Biografie zu haben, manche sogar eine Karriere, die sie bis ins Museum geführt hat. Fortan werden sie in einer Vitrine bestaunt.

Der Kulturhistoriker Stefan Laube fächert ein von der Steinzeit bis in die Gegenwart reichendes Panorama verschiedener Dinge auf, die in Berliner Museen zu sehen sind. Über Epochen und Kontinente hinweg treten Gegenstände in einen überraschenden Dialog und berühren dabei die Daseinsfragen der Menschheit – etwa ein polynesischer Federmantel mit einem Nachmittagskleid von Coco Chanel oder eine elfenbeinerne Schach-Königin aus Süditalien von 1100 mit einem Schachspiel des Weimarer Bauhauses.

Indem er Eigenes und Fremdes gegenüberstellt, greift Stefan Laube auf originelle Weise ein brisantes Thema auf, das – nicht nur anhand von Kunstgegenständen – gegenwärtig kontrovers diskutiert wird.

Stefan Laube

OBJEKTE IM DUELL

Streifzüge durch Berliner Museen

Verlag Klaus Wagenbach Berlin

INHALT

WENN SICH OBJEKTE DUELLIEREN

Die Entwicklung der Menschheit kann man an Objekten ablesen, an ihrer Herstellung, an ihrer Gestaltung und Anmutung. Im Umgang mit Artefakten – ob Alltagsgegenstand, Kunstwerk oder Ritualobjekt – richtet sich der Mensch in der Welt ein. Jedes Ding transportiert Botschaften zu Gebrauch und Funktion, die sich entweder sogleich aufdrängen oder erst nach und nach entziffert werden müssen. Die Aussagekraft von Dingen bezieht sich nicht nur auf den Ort und die Zeit ihrer Entstehung, auch die Kette der Neu- und Umwertungen in den darauf folgenden Jahrhunderten sowie – bei Exponaten – die Erwerbungs- und Ausstellungsgeschichte als Sammel- beziehungsweise Museumsobjekt wollen bedacht werden. Objekte scheinen über eine Biografie zu verfügen – die hier vorgestellten haben sogar Karriere gemacht. Damit sie in der Vitrine bestaunt werden können, hat man ihrer Entsorgung dauerhaft Einhalt geboten.

Seit wann sprechen wir überhaupt von »Dingen« im Sinne von materiell abgegrenzten handlichen Einheiten? Vielleicht erst seit dem Beginn der Moderne, als öffentliche Museen gegründet wurden, stellte man darin doch das einzelne Stück wie in keiner Einrichtung zuvor buchstäblich auf ein Podest. Bis dahin wurde »Ding« meist in einer weiteren Bedeutung benutzt, im Sinne von Sachverhalt oder komplexer Erscheinung. Dass in der Eschatologie von »letzten Dingen« die Rede war, zeigt an, wie fern einst das Verständnis von »Dingen« lag, die unseren Alltag prägen oder verstellen, die massenhaft produziert, ge- und verbraucht werden. Bewahrendes Sammeln und Ausstellen ist Spiegelbild einer rasanten gesellschaftlich-technologischen Aufbruchsbewegung, die uns seit gut zwei Jahrhunderten in den Bann schlägt. Mit Französischer Revolution, Napoleon und wenige Jahrzehnte später mit dem industriellen *take-off* definiert sich die Gesellschaft durch tiefgreifende Veränderung. In der Weltwahrnehmung taten sich innerhalb eines Menschenlebens Risse auf, die Schere zwischen Erfahrungsraum und Erwartungshorizont ging immer weiter auseinander: Was ein Mensch bisher erlebt hatte, stimmte immer weniger mit dem überein, was künftig von ihm gefordert werden würde. Viele desorientierte Menschen fanden ihren Kompass mit Hilfe vitrinisierter Objekte. Exponate im Museum stiften bis heute Kontinuität. Sie kitten die Brüche der Gegenwart.

Objekte verändern im Museum ihre Eigenschaften. Sie werden unbrauchbar, damit sie, eingeschlossen in einen Schaukasten, gewissermaßen die Weihe als Zeugnis des Schönen und/oder der Kulturgeschichte erhalten können. Die Museumsroutine von heute schöpft ihre Faszination aus dieser Transformation. Die Beuys'sche *Fettecke*, die im Alltag des Putzkommandos bloß Müll bedeutet, entpuppt sich im Museum als ehrfürchtig zu betrachtendes materielles Phänomen. Inzwischen scheint man sich in der Museumswelt darüber einig zu sein, dass das Konkurrenzlose an Ausstellungen die ungehindert zur Geltung kommende tatsächliche Präsenz der Dinge ist, das Zeigen von authentischen Objekten im Raum – dieses Monopol ist den Museen auch im digitalen Zeitalter kaum streitig zu machen. Ihre Ausbootung, wie bei ehrwürdigen Lexika, steht nicht zu erwarten. Wikipedia und andere Online-Tools können die unmittelbare Wahrnehmung der Artefakte nicht ersetzen.

Allein in Deutschland besuchen jährlich mehr als hundert Millionen Menschen die zahlreichen Museen. Fast alle Museen locken mit Originalen, deren Aura sich nicht im Sog der virtuellen Bilderflut verflüchtigt, sondern ganz im Gegenteil verdichtet. Objekte im Museum sollen den Menschen ansprechen, ästhetisches Wohlgefallen auslösen oder zumindest Emotionen wie Staunen oder Neugierde wecken. Fast scheint es, als ob Dinge in Museen Asyl erhielten. Sie werden vor Zerstörung geschützt, werden gehegt und gepflegt. Geschultes Aufsichtspersonal sorgt für respektvollen Abstand zum Objekt. Dinge im Museum sind wie lebendige Wesen. Sie schlüpfen in die Rolle von Zeugen, die bei bestimmten Ereignissen der Vergangenheit nicht nur »dabei waren«, sondern auch von diesen Ereignissen erzählen. Die Aura der Dinge, die Fetischisierung des Exponats ist selbstverständlicher Bestandteil in jedem Museumsparcours. Museen sind Refugien nicht nur der Ding- sondern auch der Selbstentfaltung. Das Publikum kann sich im Museum frei bewegen. Ihm bleibt überlassen, in welcher Reihenfolge es die Exponate betrachtet, im Unterschied zu Theater, Konzert und Kino, wo es auf einem Stuhl sitzt und das verarbeiten muss, was präsentiert wird. Und auch die Exponate können sich in Museumsräumen – zumindest in ihrer visuellen Anmutung – freier öffnen als im Verstelltsein des Alltags.

Das von der Steinzeit bis ins 20. Jahrhundert reichende Panorama der Objekte in diesem Buch schöpft aus dem Reichtum des Berliner Museumsbestandes, genauer gesagt der Staatlichen Museen zu Berlin. Der Reigen beginnt mit dem ersten steinernen Werkzeug, dem Faustkeil, und endet mit dem Fernseher als Bestandteil einer modernen Kunst-Installation. Dabei werden die Dinge nicht in einem Sammelsurium wahllos aneinandergereiht oder als Meisterwerke zum Denkmal versteinert. Vielmehr soll dieses Buch – stets gespiegelt an aussagekräftigen Ding-Duos – Einblicke in verschiedene kulturwissenschaftliche Schwerpunkte bieten. So erfährt der Leser einiges über das Verhältnis zwischen Tier und Mensch, zwischen Kleidung und Mode, Geräusch und Stille. Auch um die Aura der Dinge geht es, vor allem in der Gegenüberstellung von Fetischglauben und Reliquienkult. Die Bodenhaftung der Objekte sorgt dafür, dass sich das Theoretische nicht verselbstständigt. »Duell« soll hier bedeuten, dass Artefakte aus der Ferne mit Objekten aus unserem Kulturkreis in Beziehung gesetzt werden. Seit es Museen gibt, erzeugen diese Einrichtungen Vibrationen zwischen Eigenem und Fremdem – ein Kontrast, der bereits die Kunst- und Wunderkammern der frühen Neuzeit prägte. Von fremdartigen Dingen geht ein besonderer Reiz aus, nicht zuletzt weil sie zwischen Aneignung und Abwehr oszillieren und gängige Ordnungsmuster in Frage stellen. Für die hier vorgestellten Objekt-Duelle gilt die Prämisse, dass in der Neukombination von Dingen ein noch weitgehend unentdeckter Deutungsschatz steckt. So kann aus den Beständen der Staatlichen Museen zu Berlin in vergleichender Annäherung das Gegenüber von Faustkeil und Goldfigur, Reliquie und Fetisch oder von Windharfe und Schamanentrommel ungeahnte Synergieeffekte erzeugen.

1 STEIN & GOLD

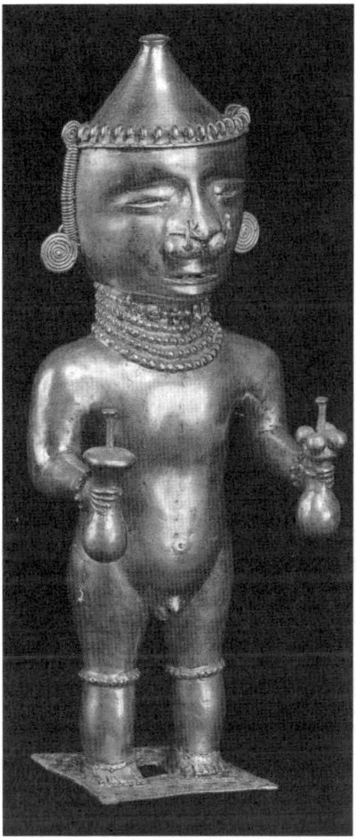

Goldfigur als Kalkbehälter der Quimbaya-Kultur, 2.–10. Jahrhundert, Kolumbien

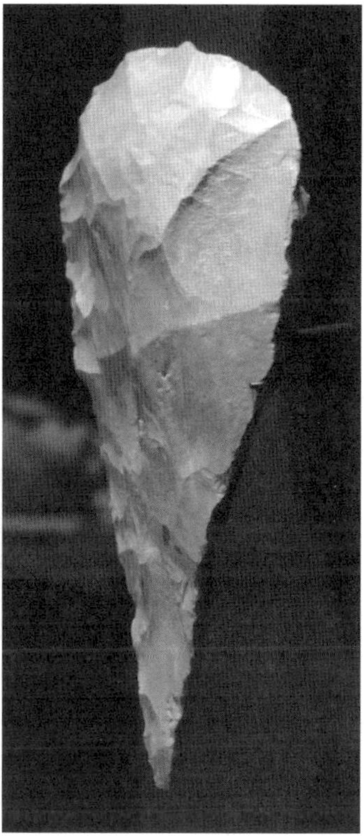

Faustkeil, Feuerstein, Ältere Altsteinzeit (800 000–300 000 v. Chr.), Frankreich

Materie ist um uns und in uns. Wir stehen auf festem Boden. Vor uns entfaltet sich die unerschöpfliche Vielfalt natürlicher Festkörper, die man er- und begreifen kann. Wir selbst und der Kosmos bestehen aus nichts mehr als Masse und Energie. Steine gibt es wie Sand am Meer, zumal auch Sandkörner nichts anderes als winzige Steinchen sind. Man könnte ohne weiteres sagen, dass die ganze Erde vor allem aus Steinen besteht. Alles Feste und Irdische, mit Ausnahme von Lebewesen und Pflanzen, ist Gestein. Der Name unseres Planeten verweist trotz der Unmengen an Wasser auf der Oberfläche, trotz seines mitunter heißen flüssigen Inneren auf seinen festen Aggregatzustand.[1] Falls nicht gerade ein Erdbeben ausbricht, bietet die Erde stabilen Grund – das Verlässliche schlechthin. Ungeachtet dessen gilt irdische Materie als niedrigste Form der Schöpfung. Warum? Ein geworfener Stein bleibt reglos liegen. Um ihn zu bewegen, bedarf es stets einer von außen auf ihn wirkenden Kraft. Der Stein zeichnet sich dadurch aus, dass seine Beharrungskraft meist stärker ist als der Bewegungsimpuls. Erst wenn man mit dem bloßen Fuß an einen Stein stößt, wird man sich schlagartig und schmerzhaft des Außermenschlichen bewusst. Man ist eben auf der Welt nicht unter Seinesgleichen. Wenn die eher kurzlebigen verletzlichen Menschen die Steine um etwas beneiden, dann wohl um ihre Dauerhaftigkeit und Unbedürftigkeit. Das Schweigen der Steine ist aber nur scheinbar, ihnen sind Geheimnisse und Geschichten aufgeprägt – oder in den Worten von Jacob Böhme, eines visionären Philosophen aus dem 17. Jahrhundert: »Wann ich einen Stein oder Erdklumpen aufhebe und ansehe, so sehe ich das Obere und das Untere, ja die ganze Welt darinnen.«[2] Über Jahrtausende gestalteten frühe Menschen aus Steinen Werkzeuge, wie besonders den trefflich in der Hand liegenden Faustkeil. Unsere Beziehung zum Stein ist so alt und eng, dass wir den Beginn der Menschheitsgeschichte Steinzeit genannt haben. Das Wort »Beginn« führt eigentlich in die Irre, denn 99 % der bisherigen Menschheitsgeschichte ist »Steinzeit« gewesen, unterteilt in die lange Altsteinzeit und in die bedeutend kürzere Mittel- und Jungsteinzeit.[3] Metallepochen – Bronzezeit, Eisenzeit – sollten folgen. Ein Goldzeitalter hat es hingegen nie gegeben, allenfalls in der Phantasie oder Sehnsucht der Menschen. Anders als Stein ist Gold ein Metall. Metalle fallen aus dem Rahmen. Sie glänzen und klingen; sie sind fest, gewichtig und dennoch biegsam. »Metallschock« – so bezeichnen Archäologen die Erscheinung, als der Mensch erstmals auf Metalle stieß, und das ist noch gar nicht so lange her – vielleicht 8000 Jahre. Metalle unterschieden sich in ihren Eigenschaften grundlegend von allen Materialien, mit denen der frühe Mensch bisher umging. Man konnte den neuen Werkstoff verformen und erhitzen, sogar schmelzen und gießen, was mit ungeahnten Verwendungs- und Gestaltungsmöglichkeiten einherging. Im präkolumbianischen Kolumbien wurden aus Gold hohle menschliche Figuren gegossen und in Gräbern verdienter Häuptlinge, Krieger und Priester deponiert. Ein Werkzeug aus Stein sowie eine Grabfigur aus Gold – so weit ist das Spektrum der Objekte aus irdischem Material gespannt, die der Mensch in Form bringt.

In Steinen kann man lesen wie in einem Gesicht. Dieser tropfenförmige Faustkeil stellt ein ebenso elegantes wie effizientes Werkzeug dar. Seine Form ist auf gezielte menschliche Bearbeitung zurückzuführen. Der Faustkeil ist das erste Ding, das den Menschen als planmäßig handelndes Wesen dokumentiert, als denkendes Wesen, das Aufgaben lösen kann, die es sich zuvor selbst gestellt hat. Dort, wo man den Faustkeil hält, ist er abgerundet, unten läuft er spitz zu. Wie heute ein Schweizer Messer kann auch ein Faustkeil viele verschiedene Arbeiten ausführen: Kratzen, Schaben oder Bohren. Der Faustkeil verstärkt nicht nur bereits vorhandene Fähigkeiten des Menschen. Ganz neue Praktiken kommen hinzu: Mit dem Faustkeil kann man erstmals schneiden.

Die Evolution hat zwei verschiedene Wege eingeschlagen. Wie der Paläontologe Friedemann Schrenk an Funden in Ostafrika erkannt hat, gab es vor gut zwei Millionen Jahren zwei Typen von Hominiden, die auf das Problem, dass infolge zunehmender Trockenphasen die Früchte immer härtere Schalen aufwiesen, mit unterschiedlichen Lösungsstrategien reagierten. Die einen setzten auf ihr Gebiss. Dem sogenannten Nussknackermenschen (*Paranthropus boisei*) wuchsen im Laufe zahlreicher Generationen riesige Zähne. Die Rolle der Hand beschränkte sich bei ihm darauf, den Zähnen den zu bearbeitenden Gegenstand darzubieten. Der *Homo rudolfensis* hingegen hat das Werkzeug erfunden, zunächst grob abgeschlagene Steinbrocken, die gut in der Hand lagen (*choppers*), aus denen später differenzierte Faustkeile hervorgingen.

Voraussetzung für diesen epochalen Vorgang war der aufrechte Gang, der sich am Rande der tropischen Wälder Afrikas herausbildete. Nur auf zwei Beinen war es möglich, in den hohen Gräsern der Savanne den Überblick zu bewahren. Zugleich wurde die Hand frei. Als herausgehobenes Tastorgan schafft die

Hand eine unmittelbare Beziehung zu einem Gegenstand, sie erzeugt die Gewissheit, dass es ihn tatsächlich gibt. Die Hand erscheint bereits ohne Werkzeug wie ein Werkzeug, so elaboriert ist sie gestaltet. Man vergleiche sie mit Tatze, Schnabel, Hörnern, Zähnen oder Schwanzflossen. Das Zerreißen und Zerschneiden, das die übrigen Säugetiere mit dem kräftigen Gebiss ausführen, wobei die äußersten Extremitäten allenfalls die Früchte oder Beute festhalten, wird beim Menschen eine Aktivität der Hände. Während das Mundwerkzeug im Gesicht entlastet wird, der Gesichtsschädel schrumpfen und das Hirnareal, das die Handbewegungen steuert, wachsen kann, entfaltet sich mit Hilfe von selber gestalteten Werkzeugen aus Erfahrung und vorausschauender Planung praktische Intelligenz. Zwischen der Nutzung des Werkzeugs durch die Hand und der Vergrößerung des Gehirns besteht eine Wechselbeziehung. Im Wort »begreifen« wird dieser Zusammenhang heute noch deutlich.

Der hier betrachtete Faustkeil stammt aus dem Acheuléen, das heißt aus einer Kultur der Altsteinzeit, die durch Faustkeilfunde in Saint-Acheul, einem Vorort der französischen Stadt Amiens, definiert ist. Im Jahre 1838 stieß man dort auf etwa 500 000 Jahre alte Fundschichten, die mit zahlreichen Faustkeilen gespickt waren. Der Faustkeil begleitete unsere frühen Vorfahren bei ihren Wanderungen. Ohne ihn hätten sie sich nicht ausbreiten können – zunächst in Afrika, dann weltweit. Man kann am Verlauf der Fundstellen und der zeitlichen Bestimmung der Steinwerkzeuge feststellen, welche Wege die frühen Menschen nahmen, als sie sich über die ganze Erde ausbreiteten. Der Faustkeil veränderte die Ernährung des frühen Menschen, diente er doch dazu, Fleisch zu zerkleinern. Da der Frühmensch kein Raubtiergebiss besaß, benötigte er Geräte, um Fleisch zu zerteilen. Heute geht die Forschung davon aus, dass erst der Faustkeil den frühen Menschen vom Vegetarier zunächst zu einem Aasfresser, später zu einem Jäger gemacht hat. Die immer bessere, proteinhaltige Nahrung stärkte seine Beinmuskulatur, was die Wanderungslust begünstigen sollte. Gerade das Gehirn verbraucht überproportional viel Energie und muss ständig mit Kalorien versorgt werden. Ohne die Nutzung des Faustkeils und die daraus folgende Fleisch- und Proteinzufuhr hätte sich das menschliche Gehirn kaum so stark fortentwickeln können.

Beim Faustkeil handelt es sich um ein handliches Allround-Werkzeug, abgeschlagen aus einem Material, das überall zu finden ist. Die gelb-leuchtende Stofflichkeit, aus der diese menschliche Goldfigur gegossen wurde, ist hingegen überaus selten anzutreffen, meist in staubfeinen Spuren von Gestein in sandigen Flüssen. Gold ist ebenso weit verbreitet wie gering konzentriert. In der Erdkruste ist es zu einem fünfhundertmillionsten Teil enthalten – Silber ist fünfzehnmal und Kupfer sogar eine Million mal häufiger. Die bisher auf der Welt durch Menschen geförderte und verarbeitete Goldmenge geht deshalb über das Volumen eines Würfels von rund zwanzig Metern Kantenlänge kaum hinaus. Gediegenes Gold ist hellgelb und äußerst formbar; so kann ein Gramm zu einem ein Kilometer langen Draht ausgezogen werden. Ganz anders als aus Stein werden aus Gold Gegenstände hergestellt, die man nicht zum Überleben braucht, sondern die das Leben dekorativ bereichern beziehungsweise symbolisch aufladen.

Gold ist nicht nur selten und wertvoll, es widersteht auch souverän der Verwitterung. Im Bewusstsein der frühen Menschen wurde es daher mit etwas assoziiert, das gleichfalls für Beständiges, Ewiges und Überirdisches stand – mit den Göttern. Edelmetall als Schmuck für Lebende und Tote war nur jenen vorbehalten, die Macht besaßen und Herrschaft ausübten. Für die Gottkönige der Pharaonenreiche stellte Gold das Fleisch der Götter dar. *El Dorado*, der Vergoldete, war in Kolumbien die Bezeichnung für einen der Sonne gleichgestellten Herrscher, der – mit Schlamm bestrichen und mit Gold bestäubt – zur sichtbaren Personifizierung der Glaubens- und Vorstellungswelt seiner Untertanen wurde.

Die hier betrachtete Figur besteht aus einer Goldlegierung und diente als Gefäß. Sie führt uns nach Südamerika, wo sie wohl von Anfang an dem Gebrauch entzogen war, verschwand sie doch sogleich in einem Grab. Das meiste Gold im vorspanischen Kolumbien wurde aus Flüssen ausgeschwemmt, hauptsächlich in den Zentral- und Westkordilleren der Anden, in der Sierra Nevada von Santa Marta und in Guainfa. In südamerikanischen Kulturen gehören Kalkbehälter zur weit verbreiteten Gepflogenheit, Koka-Blätter zu kauen, deren Wirkung durch die Einnahme von Kalk gesteigert wurde. Bei dieser Goldfigur handelt es sich um einen Kalkbehälter in Menschenform aus der präkolumbianischen Quimbaya-Kultur. Hergestellt ist er aus *tumbaga*, einer Gold-Kupfer-Legierung, die mit ihrem niedrigeren Schmelzpunkt zugleich eine Härtung des Materials gewährleistet. Das in verschiedenen Goldtönen schimmernde Objekt dokumentiert eine ausgefeilte Produktionstechnik. Zunächst wurde die gewünschte Form aus Ton hergestellt. Das Kernstück wurde dann mit einer Wachsschicht überzogen und anschließend mit einer Tonschicht umhüllt. Über Gusskanäle kam flüssiges Metall hinein.

Die Gusskanäle wurden anschließend entfernt und die Oberfläche poliert. Vorspanische Goldschmiede müssen hochspezialisierte Kunsthandwerker gewesen sein.

Diese Goldfigur hat Seltenheitswert, weil fast jedes Artefakt, das in die Hände der Konquistadoren fiel, umgehend eingeschmolzen wurde. Die Einstellung von Eroberern und Einheimischen zum Gold divergierte stark; während Erstere vom Materialwert des Rohgoldes buchstäblich geblendet waren, stand bei Letzteren die Gestaltung im Vordergrund. Erst in Form gebracht, wurde das Edelmetall zum Sinnbild der Sonne und ihrer Schöpferkraft sowie zum Symbol einer göttlichen, überirdischen Macht. Für die einen – stets auf der gierigen Suche nach dem materiellen Wert des Goldes – stellte das Metall eine extrem gewinnbringende Ware dar,[4] für die anderen war Gold dem Lehm nahezu gleichgestellt, weil beide Stoffe ohne Gestalt keinerlei Wert besitzen, keine symbolische Idee verkörpern. Die Gier der Spanier nach Gold muss den Einheimischen von Anfang an suspekt gewesen sein. Gebilde aus Gold waren für die Indios etwas so Wunderbares, Anbetungswürdiges, dass ein Streben danach oder gar der persönliche Besitz als vermessen angesehen wurde.

In einer Region, die heute in Kolumbien liegt, war eine Legende verbreitet, die die Eindringlinge geradezu elektrisierte: die Erzählung von *el indio dorado*, einem mit Goldstaub bedeckten Herrscher, der auf einem mit Goldobjekten beladenen Floß mitten auf einem See die kostbare Last versenkt. Als am Ufer des hoch in den Anden gelegenen Guatavitasees tatsächlich Goldartefakte gefunden wurden, schwanden alle Zweifel an der Legende. Man beschloss, das Wasser des Sees abzulassen. Eine Abflussrinne, die man um 1580 von achttausend Indios graben ließ, senkte den Spiegel des Sees zwar um zwanzig Meter, aber der Grund wurde nicht erreicht. Zu Beginn des 19. Jahrhunderts sollte sich auch Alexander von Humboldt während seines Aufenthaltes in Kolumbien an den Spekulationen über die noch im See verborgenen Schätze beteiligen, wovon sein Werk *Vue des Cordillères, et monumens des peuples indigènes de l'Amérique* (1810) zeugt. Ausgehend von jährlich 1000 Pilgern, von denen jeder fünf Objekte dem See zum Opfer darbrachte, ergäbe sich im Laufe von 100 Jahren die Summe von 500000 Gegenständen im Wert von 300 Millionen Dollar. Aber alle Versuche, die generös versenkten Schätze zu bergen, blieben vergeblich. Seit 1914 ist es verboten, sich dort als Schatzsucher zu betätigen.

Die Goldobjekte, die sich bis heute erhalten haben, stammen fast ausschließlich aus Gräbern. Bei allen goldverarbeitenden Kulturen Kolumbiens war es Brauch, den Toten Goldobjekte mit ins Grab zu geben, als Spiegel des im Leben eingenommenen sozialen Status. Der »Schatz der Quimbaya« mit allein über hundert Grabbeigaben aus Gold wurde im Jahr 1892 zum 400. Jahrestag der »Entdeckung« Amerikas erstmals in Europa ausgestellt. Dieser Schatz war ein Jahr zuvor gefunden und von der Regierung für 10000 Pesos als Geschenk für die damalige spanische Regentin Maria Christina von Habsburg erworben worden. Das Quimbaya-Gold hatte zwanzig Meter tief in zwei fürstlichen Schachtnischengräbern gelegen – so versteckt, dass selbst versierte Grabräuber es nicht fanden.

Spiegeln sich in Faustkeilen egalitäre Strukturen mobiler menschlicher Kollektive wider, verweist dieser goldene Kalkbehälter auf ein ganz anderes Gesellschaftsmodell. Nach unserem heutigen Wissen hatte die Quimbaya-Zivilisation ihre Blütezeit zwischen dem Anfang unserer Zeitrechnung und dem 10. Jahrhundert. Ihre bäuerlichen Siedlungen auf künstlich angelegten Plateaus lebten vom Maisanbau und von Gartenkulturen. Die Wirtschaft fußte im Wesentlichen auf Mechanismen der Güterumverteilung. Intensivierte Sammeltätigkeit, Feldbau und Tierzucht führten zum Anstieg der Bevölkerung und zu einer Überschussproduktion, die kontrolliert werden musste, was nur mit Formen sozialer Schichtung gelingen konnte. Ein Sektor der Gesellschaft koppelte sich von den Produktionsaufgaben ab. Die »Anführer« oder »Herren« machten einen göttlichen Ursprung geltend und waren beauftragt, Kontakt mit den Göttern und den mythischen Ahnen, den Gründern des Geschlechts, aufzunehmen, was ihnen das Recht gab, von den arbeitenden Schichten Tribut zu fordern. Sie wurden von der Gemeinde nicht nur ernährt, sondern auch mit Luxusartikeln ausgestattet, in denen sich – wie bei der hier vorgestellten Goldfigur – ihr sozialer Rang abbilden sollte.

Die Schönheit der den Häuptlingen gewidmeten Stücke, ihr Gewicht, ihre Größe und die unbestreitbare Meisterschaft der Goldschmiede, die sie gegossen und behämmert hatten, lösten Ende des 19. Jahrhunderts in Europa großes Erstaunen aus. Ästhetisches Gespür scheint aber auch dem Faustkeil aus dem Museum für Vor- und Frühgeschichte eigen zu sein. Wenn er auch kein fossiles Bildsymbol trägt, wie manch anderer Faustkeil aus dem Acheuléen, so zeigt das Beispiel aus Berlin eine elegante Gestaltung mit leicht gebrochener Symmetrie, die nicht ohne ästhetisches Gespür entstanden sein kann. Vielleicht nahm der Gestalter auch eine eingeschränkte Funktionalität in Kauf – so liegt der schmale Faustkeil mit zwei scharfen Seitenkanten nicht ideal in der Hand –, damit das Werkzeug umso mehr durch seine Form glänzen konnte. Mit der Gestaltung von Steinwerkzeugen scheint der frühe Mensch bereits Distanzräume zu pflegen, um künstlerischer Kreativität zur Entfaltung zu verhelfen. Man hat festgestellt, dass Faustkeile, die ca. 500 000 Jahre alt sind, oft ästhetisch vollendeter gestaltet sind als Exemplare aus jüngeren Schichten – vielleicht ein Indiz dafür, dass die symbolische Funktion dieses Dings verblasste und es in späterer Zeit vor allem auf dessen Gebrauchswert ankam.

2 ZÄHMUNG & WILDNIS

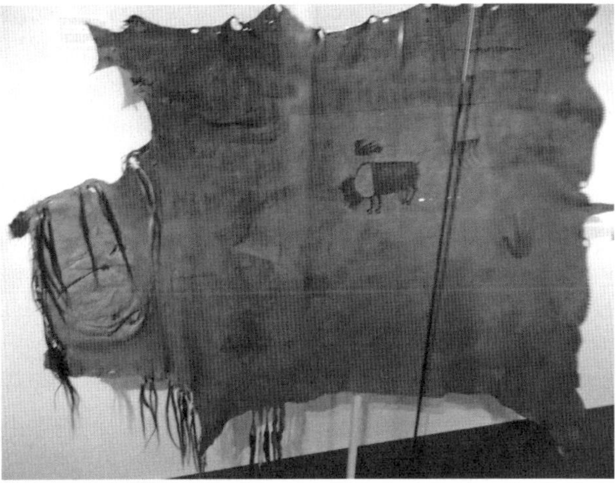

Bisonrobe von Mato-Tope, Mandan, um 1830

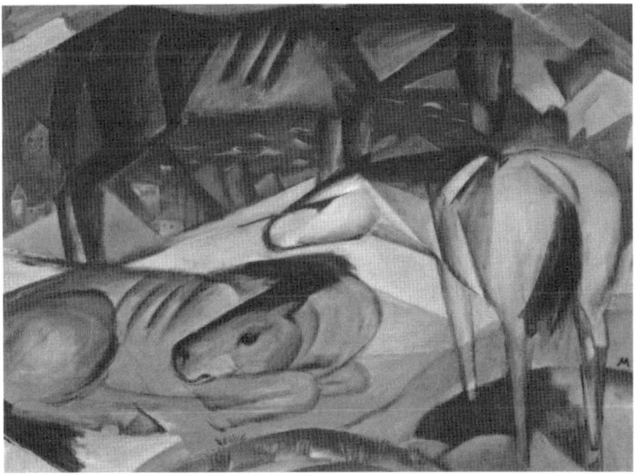

Franz Marc, Drei Pferde II, Öl auf Leinwand, 1913

In diesem Duell stoßen wilder Büffel und zahmes Pferd aufeinander. Während die mit Bildsymbolen versehene Bisonrobe von Prärie-Indianern in Nordamerika einen ebenso pragmatischen wie respektvollen Umgang mit einem Tier spiegelt, kündigen die bunten Pferde des expressionistischen Malers Franz Marc bereits die Perversionen der industriellen Massengesellschaft im Verhältnis zur Tierwelt an. Aus dem Zeitalter der prähistorischen Säugetiere in Nordamerika hat allein der Büffel überlebt, ein stattliches Herdentier mit langem, dunkelbraun-wolligem Fell. Mit seinem gedrungenen Kopf, den hohen buckligen Schultern und dem buschigen Schwanz kann das bis zu drei Meter lange Tier eine Schulterhöhe von etwa 1,90 Meter erreichen. Wie andere Mitglieder der Rinderfamilie ernährt sich der bis zu einer Tonne schwere Büffel hauptsächlich von Gräsern. Überall, wo Präriegräser wachsen, war er zu Hause – von Kanada bis Texas, von den Rocky Mountains bis Ohio und Kentucky. Man schätzt die Zahl der Büffel um 1800 auf sechzig bis achtzig Millionen Tiere. Der Himmel wurde ganz dunkel, sobald sich eine der riesigen, Staub aufwirbelnden Herden vorwärtsbewegte – so die Erzählungen der Pioniere, die den Westen Nordamerikas erschlossen.

Pferde haben mit ihrer Energie und Mobilität einen enormen Beitrag zur kulturellen Entwicklung der Menschheit geleistet. Reinhart Koselleck schlug vor, die Weltgeschichte in ein Vorpferdezeitalter, in ein Pferdezeitalter und in ein Nachpferdezeitalter einzuteilen, wobei das mittlere von 4000 v. Chr. bis ins 19. Jahrhundert reichte. Pferdeschweiß und Pferdeäpfel, Hufschlag und Peitschenknall, Fuhrwerke und

Pferdetram – die gesamte Lebenswelt des Menschen war durch das Pferd koloriert. Erst im 20. Jahrhundert, als Motoren – deren Kraft bezeichnenderweise in Pferdestärken (PS) gemessen wurde – das Pferd ersetzten, konnte das Pferd zu einem Hobby werden – meist für Mädchen. Die »Entpferdung« (Isaac Babel) der Gesellschaft zeigt sich darin, dass das Pferd nur noch als Prestigesymbol, Freizeitwesen und Therapiegerät eine Rolle spielt.

Die Weltgeschichte wäre anders verlaufen, wenn es möglich gewesen wäre, anstelle des eurasischen Pferdes den amerikanischen Büffel zu zähmen und auf ihm zu reiten. Bemerkenswerterweise gibt es in Amerika keine großen einheimischen Haustiere, selbst das tierreiche Afrika südlich der Sahara verfügt nicht über zähmbare Wildtiere, die als Zug- und Pflugtiere geeignet wären. Während die Pferde Eurasiens domestiziert wurden, ist es nie gelungen, den nervösen und wachsamen Zebras ihre Wildheit auszutreiben. Stets können Zebras im entscheidenden Moment ausweichen, so dass es praktisch aussichtslos ist, sie mit dem Lasso einzufangen. Die Frage, warum die meisten großen Säugetierarten niemals domestiziert worden sind, stellte sich der Anthropologe und Evolutionsbiologe Jared Diamond. Von den 148 großen Landlebewesen und Pflanzenfressern, die als Haustiere in Frage kommen, bestanden nur vierzehn den Test. Von diesen »klassischen Vierzehn« gewannen neun allenfalls in begrenzten Regionen der Welt Bedeutung, wie beispielsweise Dromedar, Kamel, Rentier oder Lama. Nur einer Handvoll Arten gelang eine globale Karriere. Bei diesen »großen Fünf« der domestizierten Säugetiere handelt es sich um Kuh, Schaf, Ziege, Schwein und Pferd – alles Herdentiere, die in hierarchischen Verbänden leben und ein fügsames Naturell besitzen.

Bei Jägern und Sammlern in der Steinzeit war das Verhältnis zum Tier von Wettkampf, Rivalität und Verehrung geprägt. Das Erste, was der Mensch auf Höhlenwänden in erdigen Farben visualisierte, war nicht er selbst oder seine materielle Lebenswelt, sondern es waren Tiere, wie Pferde und Bisons, aber auch Steinböcke, Hirsche und Rehe, hin und wieder Bären und Löwen. Die heute zu bewundernden Höhlenmalereien spiegeln eine tiergesättigte Wahrnehmung. Diese kompetitive Beziehung auf Augenhöhe zu den Tieren verwandelte sich in Ackerbau- und Viehzuchtgesellschaften in eine Hierarchie, in der der Mensch zwar dominant war, aber auf ein partnerschaftliches Verhältnis angewiesen blieb. Seit es dem Menschen gelang, Pflanzen und Tiere zu bändigen, wurde sein häusliches Milieu zur integrativen Klammer für eine Handvoll Tierarten, die in diesem Umfeld systematisch ausgenutzt werden können. Insbesondere in ihrer Eigenschaft als Reit-, Zug- und Lasttiere erleichterten Tiere dem Menschen das Leben, der auf diese Weise seine körperlichen Unzulänglichkeiten kompensierte.

Tierische Helfer waren über viele Jahrtausende unentbehrlicher Bestandteil der Menschheitsentwicklung. Die Domestizierung der größeren Säugetiere hat im Orient vor etwa 10 000 Jahren begonnen; vor gut 5 000 Jahren war sie nahezu abgeschlossen. Zum Haustier werden Tiere dann, wenn sie sich in Gefangenschaft vermehren. Dann können – wie bei Pflanzen – durch die Auswahl der Eltern bestimmte Eigenschaften gefördert werden, die für den Menschen besonderen Nutzen versprechen. Beim Büffel ist das nie gelungen, beim Pferd dafür umso mehr, ebenso bei Rind, Schaf, Ziege und Schwein. Alle diese stattlichen Vierbeiner tummelten sich im Mittleren Osten, wodurch diese Region beziehungsweise der gesamte kontinental ausgedehnte Breitengrad gegenüber anderen Gebieten in eine komfortable Position versetzt werden sollte. Die Nutzung von animalischer Muskelkraft sollte Landwirtschaft und Transportwesen revolutionieren. Erst mit Hilfe des Pferdes, das beritten werden konnte, war es möglich, große Entfernungen zügig zu überwinden. Reiter und Pferd wuchsen zu einer hocheffizienten Mensch-Tier-Maschine zusammen. In haustierärmeren Kontinenten, wie in Australien, Amerika oder im südlichen Afrika, hatten es die frühen Menschen schwerer, sich zu ernähren. Hier diente fast der gesamte Tag zeitaufwändiger Nahrungssicherung, während im Mittleren Osten mit Hilfe der Tiere Abläufe rationalisiert werden konnten. Dank der Pferde und Ochsen waren die Bewohner bei der Bestellung der Felder nicht mehr ausschließlich auf ihre eigene Muskelkraft angewiesen. Am Ende blieb den dortigen Menschen mehr Zeit, ihre Gesellschaft effizienter zu gestalten.

Obwohl der nordamerikanische Büffel nicht domestiziert werden konnte, entwickelte er sich zum Reservoir für häusliche Bedürfnisse. So lieferte er alle Grundmaterialien für die Herstellung von Bekleidung bei den indigenen Völkern in Nordamerika. Aus der kräftigen Haut machten die Indianer nicht nur Mäntel, sondern auch Mützen, Mokassins, Fausthandschuhe und Leggins. Aus Bisonfell stellte man auch Bettdecken her, aus Büffelhorn Besteck und Geschirr, aus dem Schwanz eine Fliegenklatsche, aus den Sehnen Befestigungen für die Pfeilspitzen, aus den Schulterblättern Hacken, aus dem Schädel Sonnentanz-Altäre. Besonders vielseitig zu nutzen war die Haut des Büffels. Je nach Alter und Geschlecht des Bisons wurden unterschiedliche Gegenstände hergestellt. Aus der dicksten

Haut wurden Schilde gefertigt. Kuhhaut wurde aufgrund ihrer mittleren Dicke zur Bespannung der Zelte, der Tipis, genutzt. Aus der dünnen Haut ungeborener Kälber konnten Beutel zum Beerensammeln, aus dem Pansen ein brauchbarer Kochtopf hergestellt werden. Einen passablen Schlitten erhielt man, wenn man die Rippen mit Rohhaut zusammenband.

Bisonroben waren für Indianerstämme der nordamerikanischen Prärien unentbehrlich, um sich im Winter zu wärmen. Das hier betrachtete, mit einer Kapuze versehene Exemplar hat Mato-Tope getragen, der bekannteste Häuptling der Mandan, der in der ersten Hälfte des 19. Jahrhunderts am oberen Missouri im heutigen US-Bundesstaat North Dakota lebte. Dieser Indianerstamm, ein kleines, ursprünglich halbnomadisches Volk aus der Sioux-Sprachfamilie, wird in den Berichten von Pelzhändlern und Forschern als friedfertig, gastfreundlich, liebenswürdig und mitteilsam beschrieben. Bei Bisonroben ist die Fellseite nach innen gewendet, so dass die Hautseite als Bildträger außen liegt. Motive der Bemalung sind entweder Heldentaten eines Kriegers, Listen verschenkter Gegenstände oder auch – besonders bei Umhängen für Frauen – geometrisch-abstrakte Motive.

Zwischen Mensch und Tier besteht in indianischen Kulturen keine klare Grenze, vielmehr sind alle lebenden Wesen miteinander verwandt. »Vier Bären« – so lautet die Übersetzung von »Mato-Tope«, des Trägers der Bisonrobe, was darauf hinweist, dass ihn eine seelische Verwandtschaft mit diesem mächtigen Tier verband. Viele Indianerstämme sahen sich in der Abstammungslinie bestimmter Tierarten. Als religiöses Symbol, als Totem, als Schutzgeist, der den Menschen beistehen oder schaden konnte – je nachdem, wie sie das jeweilige Tier behandelten –, sprach man ihnen übernatürliche Kräfte zu. Die Indianer waren überzeugt, dass sich bei respektvoller Behandlung die Kräfte der Tiere – ob nun Bison, Elch, Braunbär oder Adler – auf die Menschen übertragen ließen. Die Totemtiere wurden daher auch als Krafttiere bezeichnet. Sie begleiteten die Indianer durch ihr ganzes Leben. Nicht wenige trugen als Heil- und Abwehrmittel eine Reliquie ihres Totemtiers bei sich.

Dennoch wurden Büffel geschlachtet. Büffelfleisch lieferte den indianischen Stämmen die Hauptnahrung. Am Ende einer erfolgreichen Jagd wurden die Tiere zerlegt, unter strikter Befolgung ritueller Vorschriften, galt es doch, die Seele des getöteten Bisons nicht zu beleidigen. Zuallererst wurde die Haut von der rechten Schulter gelöst, dann wurden Vorderbein und Schulter abgetrennt. Daraufhin schnitt man ein Stück fettes Fleisch aus dem Rücken und warf es als Opfergabe nach Osten. Der Rest des Tieres diente als Nahrung und Kleidung. Selbst das, was man nicht gebrauchen konnte, wurde sorgfältig und ehrfürchtig behandelt – allen voran die Füße, da man fürchtete, den Zorn des Tiergeistes zu wecken und bei der nächsten Jagd von den Hufen der Bisons zertrampelt zu werden. Büffeljagd und Büffeltötung waren in ein Geflecht religiöser Praktiken eingebunden. Vor jeder Jagd wurde eine besondere Zeremonie abgehalten. Mit Büffeltänzen, die oftmals mehrere Tage und Nächte dauerten, sollten die Bisons herbeigelockt und gefügig gemacht werden, damit sie dem Menschen auch nach ihrer Tötung günstig gestimmt sind.

Jahrtausendelang jagten einheimische Indianerstämme den Büffel mit Pfeil und Bogen. Der Büffelbestand blieb konstant – auf hohem Niveau. Das änderte sich grundlegend, als sich eingewanderte Europäer mit Pferd und Gewehr den Wilden Westen untertan machten. Gegen die Tier-Mensch-Maschine der Cowboys hatten Büffel keine Chance. Rigoros wurden sie dezimiert. Das erste Pferd, das die Indianer sahen, erinnerte sie unweigerlich an einen Hirsch ohne Geweih. Zu Beginn hielten sie das Tier sogar für einen großen, grasfressenden Hund, denn die einzigen gezähmten Tiere, die sie besaßen, waren ihre eigenen Hunde, die mit den Frauen die Lasten des Stammes schleppten. »Büffelhund« – so heißt das Pferd bei den Apachen.

Büffel sind wild geblieben und so gut wie ausgestorben. Pferde gibt es noch, aber mit ihren wilden Vorläufern haben sie so gut wie nichts mehr gemein. Vielleicht ist das der Grund, warum der Betrachter von Marcs Gemälde drei betrübte Pferde wahrzunehmen meint. In einer Lichtung steht ein gelbes Pferd, daneben liegt ein rotes, beide blicken gezielt nach links; etwas höher und dahinter: ein schwarzes, abgemagertes Pferd. Es ist nicht sicher, was uns dieses Pferdetrio sagen will. Vielleicht sind in den Pferden die Lebensalter verkörpert: im gelben Pferd die noch aufmerksame Spannung der Jugend, im roten die Reife des mittleren und im schwarzen die Ausgezehrtheit des fortgeschrittenen Alters. Die melancholische Stimmung könnte dem hohen Preis geschuldet sein, den Pferde durch ihre enge Liaison mit dem Menschen zahlen mussten.

Franz Marc ist für seine farbenreichen Tierdarstellungen berühmt. Gut zwei Jahre bevor dieses in zwei Versionen überlieferte Bild entstand, hatte Marc mit Wassily Kandinsky in München die Künstlergruppe *Der Blaue Reiter* gegründet und 1912 einen gleichnamigen Almanach herausgegeben. In ihm nannte Marc die Expressionisten »die Wilden Deutschlands«. Marc liebte Farbspiele und vor allem Tiere – keine Tierart scheint ihm jedoch so nahezustehen wie das Pferd.

Nicht weniger als 150 Pferdedarstellungen sind von ihm überliefert. Marc umkreist mit Mitteln der Kunst ein tierisches Mysterium. In seinem Brief an Reinhard Piper, den Herausgeber des Aufsatzbandes *Das Tier in der Kunst* (1910), fällt das Schlagwort von der »Animalisierung der Kunst«. Die Hinwendung zum Tier in der Kunst schien die Überwindung zentralperspektivischen Sehens zugunsten eines neuen Wahrnehmungsparadigmas zu ermöglichen, das den Standpunkt des Tieres als den allein gültigen erachtet. Das Subjektiv-Menschliche sollte im Tier aufgehen. Das Einfühlen in das Innenleben des Tieres eröffnete Marc ganz ungeahnte Dimensionen. »Was hat das Reh mit dem Weltbild zu tun, das wir sehen? Hat es irgendwelchen vernünftigen oder gar künstlerischen Sinn, das Reh zu malen, wie es unserer Netzhaut erscheint oder in kubistischer Form, weil wir die Welt kubistisch fühlen? Wer sagt mir, daß das Reh die Welt kubistisch fühlt; es fühlt sie als Reh, die Landschaft muß also Reh sein.«[5]

Franz Marc sollte als junger Mann den Ersten Weltkrieg nicht überleben. Die ihm nahestehende Dichterin Else Lasker-Schüler schreibt in ihrem Nachruf im März 1916: »Der blaue Reiter ist gefallen [...]. Er war der, welcher die Tiere noch reden hörte; und er verklärte ihre unverstandenen Seelen.«[6] Im Krieg haben nicht nur Menschen, sondern auch Pferde unbeschreiblich leiden müssen. Auch Vierbeiner wurden von Granaten zerfetzt, sie krepierten bei Gasangriffen, verendeten aus Erschöpfung. Trotz zunehmender Modernisierung waren die Armeen immer noch stark auf animalischen Antrieb, auf Pferde als Reit-, Last- und Zugtiere angewiesen. Das immer dichter werdende Eisenbahnnetz reichte meist nicht bis an die Frontlinie heran. Auf den letzten Kilometern hatten Pferde die Artilleriewagen zu ziehen.

Der Erste Weltkrieg diente als Beschleuniger auf dem Weg zur industriellen Massengesellschaft, in deren Wirkungsfeld wir auch heute noch leben und die das Verhältnis der Menschen zu den Tieren korrumpieren sollte. Werden heutzutage Tiere sichtbar, dann meist nur als verwöhnte Schoßwesen in der privaten Welt des Menschen, weitgehend unsichtbar ist hingegen ihre Hauptfunktion als versachlichtes Produktionsmittel auf der Schlachtbank. Wie ein visuelles Menetekel auf diese aus dem Ruder laufende Entwicklung im Verhältnis von Mensch und Tier wirken Marcs Pferde, besonders das abgemagerte Exemplar in Trauerschwarz. Bekanntlich umarmte Friedrich Nietzsche – übrigens ein Philosoph, der keine scharfe Grenze zwischen Tier und Mensch zog – ein ähnlich verhärmtes Pferd 1889 in Turin kurz vor seiner Dauerumnachtung. Als »nicht festgestelltes Tier« bezeichnete er den Menschen. Die Freiheit und Offenheit, die den Menschen vom Tier unterscheiden, sind teuer erkauft, verliert doch der Mensch dadurch seine Instinktsicherheit. Menschen – im Machbarkeitsrausch ihrer Hybris befangen – verwandeln stolze wilde Tiere in überzüchtete Geschöpfe, die in der Wildnis keine Überlebenschance hätten. In den stets traurigen Augen des Pferdes sah Theodor Lessing einen Spiegel menschlicher Anmaßung: »Schon darin liegt ein Stück Wahnsinn, dass ein Geschöpf, welches vier starke Männer nicht zu bändigen vermöchten, wofern seiner Kraft sich bewusst wäre und sie anwendete, widerstandslos und willig sich von jedem Knaben besteigen und misshandeln lässt.«[7] Der Kulturkritiker war überzeugt, dass der Mensch die Natur des Pferdes gebrochen habe. Er schrieb seinen Essay *Meine Tiere* mitten in den 1920er Jahren, in einer Zeit, als sich die Gesellschaft von Tag zu Tag stärker motorisierte und elektrifizierte. Pferde wurden für die Alltagsbewältigung überflüssig. Fuhrverkehr, Trams und Taxis kamen zunehmend ohne das früher unentbehrliche Tier aus.

Als Mato-Tope stolz seine Bisonrobe zur Schau trug, wurden Pferde noch gebraucht, gab es für sie keinen Ersatz. Prärie-Indianer waren gegen Ende des 17. Jahrhunderts zum Reitervolk aufgestiegen. Als Reiter konnten sie eine Büffelherde auseinandertreiben, sie in kleine Gruppen isolieren, ohne sich dabei selbst in Gefahr zu bringen.[8] Der reitende Indianer verkörpert einen interessanten Kulturtransfer, denn Pferde waren erst mit den Eroberungen der Spanier nach Nordamerika gelangt. Den iberischen Mustang, ein in der Wüste gezüchtetes anspruchsloses Tier, ließen die fliehenden Spanier 1680 zurück, nachdem sich die Pueblo-Indianer in einem Aufstand gegen ihre Unterdrücker erhoben hatten. Weil dieser in New Mexico und Colorado sesshafte Stamm keine Verwendung für Tausende spanischer Pferde hatte, ließ man die Tiere einfach frei. Diese Pferde, die sich vom kurzen Präriegras ernährten, gediehen prächtig. Von Natur aus scheue Fluchttiere, entwickelten sie eine atemberaubende Geschwindigkeit. Aus ihnen entstanden später die legendären Mustangherden in den Weiten des Südwestens und des Südens. Zahlreiche Prärie-Indianerstämme wussten dieses animalische Reservoir zu nutzen. Innerhalb von einem Jahrhundert wandelten sie sich zu virtuosen berittenen Büffeljägern. Karl May und andere Autoren setzten Reiterkulturen der Sioux und Komantschen ein literarisches Denkmal. In ihren Erzählungen scheinen die Indianer seit ewigen Zeiten mit dem Pferd verwachsen. Dabei adaptierten beziehungsweise perfektionierten sie eine Praxis der Europäer.

3 TOD & EWIGKEIT

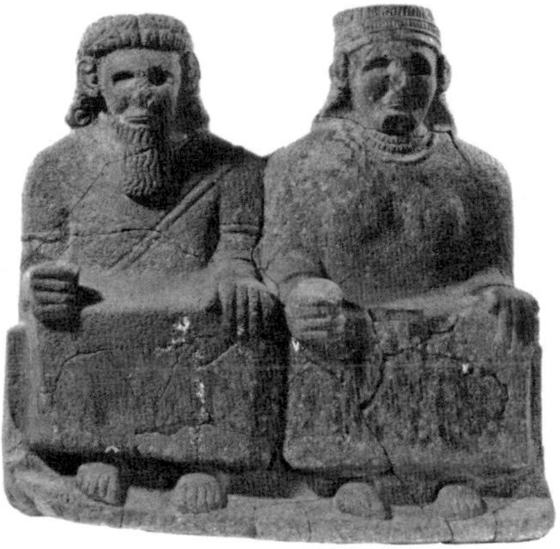

Doppelsitzbild eines Ehepaares, Guzana / Tell Halaf, Anfang des 9. Jahrhunderts v. Chr.

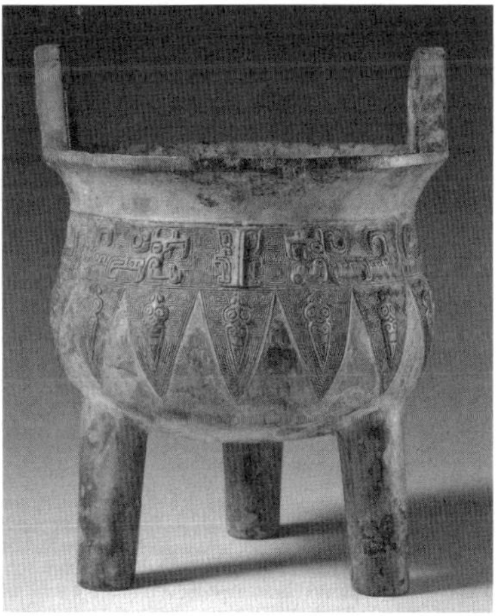

Ritualgefäß (Typ *ding*), Shang-Dynastie, 12. Jahrhundert v. Chr.

Der Tod ist ebenso natürlich wie radikal. Abrupt beendet er das Leben. Gegen den unaufhaltsamen natürlichen Prozess der Verwesung gibt es ein diesseitiges Hilfsmittel: die bildende Kunst. Sie hat die Funktion, das vergängliche organische Material in ein dauerhaftes Medium zu verwandeln, kann doch so die klaffende Lücke zum Vermissten überbrückt werden – möglichst weit über die Dauer eines Menschenlebens hinaus. In diesem Kapitel begegnen sich zwei Objekte: eine Basalt-Doppelsitzskulptur aus Kleinasien, die verstorbene Seelen magnetisch anzog, sowie ein Bronzegefäß aus dem Alten China, das man auch als jenseitsorientierten Kochtopf bezeichnen kann.

Jeder Mensch weiß, dass er sterben wird. Zugleich können wir uns nicht vorstellen, nicht zu existieren. Seit es Zivilisationen gibt, kursieren Geschichten über die Abschaffung des Todes, Plots der Unsterblichkeit. Die Suche nach einem Lebenselixier, nach einem Jungbrunnen prägt zahlreiche antike Mythen. Die Lage hat sich bis heute nicht grundlegend geändert, nur das Vokabular wurde angepasst. An Stelle eines magischen Elixiers spricht man lieber von Stammzellentherapie, Nanotechnologie und *genetic engineering*. Dahinter steht die Hybris, dass Wissenschaft den Menschen vom Tod wie von einer Krankheit heilen könne. Technik und Wissenschaft sollen das Diesseits auf Dauer stellen, es verewigen. Auch der traditionelle Auferstehungsglaube, nach dem man in seinem individuellen Körper wieder auferweckt werden kann, ist von der heutigen Technologie durch die Idee der Kryonik reaktiviert worden. Wohlhabende lassen sich sofort nach ihrem Tod einfrieren in der Hoffnung, irgendwann – sobald die Technologie weit genug entwickelt ist – aufgetaut, repariert und wiederbelebt zu werden.

»Der Tod verbirgt kein Geheimnis. Er öffnet keine Tür. Er ist das Ende eines Menschen.«[9] Mit diesen desillusionierenden Worten des Soziologen Norbert Elias hat sich die Menschheit jahrtausendelang nicht begnügt. Die hier betrachteten Objekte aus dem Alten China und aus dem archaischen Kleinasien zeigen als Medien zwischen Himmel und Erde, wie sehr wir heute den Todeszustand von jenseitigen Dimensionen abgekoppelt haben. Verstorbene waren in diesen frühen Zivilisationen nie tot, sie lebten weiter in einer anderen Sphäre und machten von dort weiterhin Bedürfnisse geltend, denen die Hinterbliebenen gerecht werden mussten.

Jenseitsvorstellungen bleiben noch hochgradig vage, als in der mittleren Steinzeit, also vor vielleicht 60 000 Jahren, die Kultur von Bestattungen beginnt – so jedenfalls die Überlieferung. Differenzierte Bestattungspraktiken haben sich höchstwahrscheinlich erst mit dem Sesshaftwerden des Menschen etabliert, also vor gut 10 000 Jahren. Sobald man über Land verfügt, Vorräte ansammelt und Vieh besitzt, ist Planung, vorausschauendes Denken und auch der über das eigene Menschenleben hinausgehende Blick in die Zukunft notwendig – allein schon um die Übertragung des Erbes zu regeln. Kurzum: Fortschreitende Bodenkultivierung, das Bewusstsein von Eigentum und eine intensivere Beschäftigung mit den Vorfahren sind eng miteinander verknüpft. So wurde es üblich, Tote unter dem Boden des eigenen Hauses zu bestatten. Die Scholle, auf der man lebte, war der Ort, an dem man mit den eigenen Ahnen verbunden war. Auf eine direkte, physische Art konnte so die Beziehung zwischen Eigentum und Herkunft zum Ausdruck gebracht werden. Ahnenkulte blühten überall in der Region des Fruchtbaren Halbmonds, wo erstmals Getreidewirtschaft betrieben wurde. Nach Ansicht der meisten Archäologen galten Ahnen als die bedeutendsten übernatürlichen Wesen. Sie hatten Eigentum weitergegeben, die Hinterbliebenen vor dem Hungertod geschützt und beanspruchten daher, von den Lebenden verehrt zu werden.

»Der Ausdruck [ihres] Gesichtes ist milder als bei dem Mann, der außerordentlich ernst und streng dreinschaut.« Mit diesen Worten beschrieb der Ausgräber Max Freiherr von Oppenheim das aus einem Basaltblock gearbeitete Doppelsitzbild aus Tell Halaf. Da das Paar keine göttlichen Attribute aufweist, handelt es sich offenbar um die Darstellung von natürlich Verstorbenen. Nach altorientalischer Glaubensvorstellung konnte der Geist eines Verstorbenen in seinem Bildwerk fortleben. Durch regelmäßige Opfergaben gedachten die Hinterbliebenen ihrer Toten oder Ahnen und sorgten auf diese Weise für erträgliche Existenzbedingungen des Verstorbenen im Jenseits beziehungsweise für sich selber im Diesseits. Der Begräbnisplatz in der Nähe des Palasts bringt die privilegierte Stellung dieses verstorbenen Paares zum Ausdruck. Der wirtschaftlich-technische Aufwand für die Gruftbauten und Basaltskulpturen deutet auf hohe Investitionen hin, die die Hinterbliebenen für ihre Ahnen aufbrachten.

Das Doppelsitzbild lässt kein Streben nach größtmöglicher Naturnähe erkennen. Vielmehr bezeugt es das Abstraktionsvermögen des Bildhauers, gepaart mit handwerklichem Können. Offensichtlich ging es weniger darum, ein naturalistisches Abbild eines bestimmten Paares zu erschaffen, sondern bei der Gestaltung funktionale Elemente zu betonen. Bei diesem Sitzbild wird besonders die Möglichkeit hervorgehoben, etwas empfangen zu können: Der Schoß ist sehr breit angelegt, so dass er als Opfertisch dienen kann.

Geografisch befinden wir uns mit diesem Objekt in der Residenz eines aramäischen Fürsten in der Grenzregion zwischen Syrien und der Türkei im ausgehenden zweiten Jahrtausend v. Chr. Man weiß nicht allzu viel über die Jenseitsvorstellungen der Aramäer in Tell Halaf. Auf Grundlage der zur Verfügung stehenden Quellen kann man jedoch sagen, dass der Ort, an den der Mensch nach seinem Tod gelangte, kein Paradies war, wo es dem Verstorbenen an nichts mangelte. Vielmehr war sein Wohl von der Totenpflege der Hinterbliebenen abhängig. Die sorgfältige Beachtung der Bestattungsregeln sollte daher auch sicherstellen, dass der Tote sein Reiseziel im »Jenseits« wirklich erreicht. Dass der physische Körper vergeht, galt als bekannte Tatsache. Viel interessanter war eine Komponente, die den irdischen Tod überdauerte, eine Art Seele oder Totengeist, auf Aramäisch *nbs* genannt. Es hieß, dass der Tod diese immaterielle Substanz freisetze und das Bildwerk sie einfangen könne. Erst dann war die Voraussetzung geschaffen, den Toten geordnet ins Jenseits zu geleiten.

Die Aufstellung von Statuen und Stelen garantierte den unmittelbaren Kontakt zwischen Lebenden und Toten, denn solange das Bildnis existierte, lebte auch der Tote beziehungsweise seine Seele im Jenseits weiter. Deshalb wurde in vielen Inschriften der Wunsch nach deren ewiger Erhaltung und damit der Erinnerung an einen Verstorbenen ausgedrückt. Nur wenn der Verstorbene in angemessener Weise versorgt und geehrt wurde, konnten auch seine Nachkommen auf

Wohlstand und Frieden hoffen. So wurden ihm regelmäßig Speisen und Getränke zugeführt. Archäologisch bezeugen dies Tierknochen sowie Gefäße aus Trank- und Speiseopfern. Würde man kein Bildwerk schaffen, keine Opfergaben spenden, bestünde die Gefahr, dass der Totengeist als Schreckgespenst die Lebenden heimsucht.

Als Grabbeigabe diente dieses ebenso stämmige wie elegante Gefäß aus chinesischer Bronze der Zubereitung und Aufbewahrung von Fleisch beziehungsweise zur Aufnahme von gewürztem Hirsewein und Wasser. Anlässlich der Beisetzung verehrter Sippenangehöriger gelangte es mit ins Grab. Die Hinterbliebenen wollten die Verstorbenen an Festmählern teilhaben lassen. Auch diese Handlungen sind von dem Glauben getragen, dass Essen, alkoholische Getränke oder Wasser, angemessen zubereitet, von den Toten konsumiert werden, die wiederum zum Dank für Speis und Trank ihre Nachkommen zu schützen hatten.

Die Außenwand des dreifüßigen Bronzegefäßes umspannt ein präzise gegossenes Dekorband, auf das Vogeldrachen eingraviert sind. Kulinarische Kultgefäße dieser Qualität waren Königen, Kaisern und den sehr Vornehmen aus dem Reich der Mitte vorbehalten. In ihnen symbolisierte sich religiöse und geistige Herrschaft. In den Palastsammlungen des chinesischen Altertums zählten Dreifüße vom Gefäßtyp *ding* zur Kategorie der von übernatürlichen Kräften beseelten Objekte, verbürgten sie doch das Mandat des Himmels. Wer einen bronzenen Dreifuß sein Eigen nennen konnte, der hatte Macht, der stand mit dem Ursprungsmythos Chinas in Verbindung. So heißt es, dass der legendäre Kaiser Yu das Land in neun Provinzen geteilt hatte und für jedes Territorium einen

Dreifuß gießen ließ, der dann – wie die Reichskleinodien im deutschen Mittelalter – als sichtbarer Beweis den Herrschaftsanspruch legitimierte. Darüber hinaus war es wohl Usus, dass Bronzegefäße in einem rein religiösen Zweck aufgingen und sie vornehmlich als Utensil für einen Ahnen gegossen wurden, das dann zugleich als Memorialobjekt dessen hohes Ansehen dokumentierte.

Frühchinesische Bronzen gehören zu den kostbarsten und bewunderungswürdigsten Leistungen der Menschheit. Nicht nur »China und Porzellan« sind eine unübertreffliche Qualitätsbeziehung eingegangen, das Gleiche gilt für »China und Bronze«. Bronze, eine in der Natur nicht vorkommende Metalllegierung aus Kupfer und Zinn, zeichnet sich durch hohe Elastizität und Korrosionsbeständigkeit aus. Bei Temperaturen um 1000 Grad Celsius können aus der Schmelze geformte Werke entstehen. Im erkalteten Zustand lässt sich dieser metallische Werkstoff durch Feilen, Ziselieren, Treiben und Polieren bearbeiten. Der Guss von Bronzen ist eine schwierige Kunst, die großes handwerkliches Können und eine gesicherte Überlieferung von Kenntnissen voraussetzt. Wenn auch die Anfänge der chinesischen Bronzeherstellung im Dunkeln liegen, steht doch fest, dass sie auf eine ausdifferenzierte, arbeitsteilige Gesellschaftsordnung angewiesen war, wie sie sich mitten in der Shang-Dynastie, also im 16. und 15. Jahrhundert v. Chr., hat ausbilden können.

Die Shang-Könige, die über weite Teile Nordchinas herrschten, waren für ihren intensiv gepflegten Ahnenkult bekannt. Bei Grabungen zu Beginn des 20. Jahrhunderts kamen Überreste der Shang-Residenzstadt Yin zum Vorschein. Insbesondere die Grabstätten von elf der zwölf Shang-Herrscher erregten Interesse. Die Könige wurden in mit lackiertem Holz ausgekleideten, bis zu zwölf Meter tiefen Grabkammern bestattet. Unter dem Boden der Grabkammern stieß man auf Bronzekessel sowie Skelette von Menschen und Pferden. Aus der Perspektive der alten Chinesen machte der Verstorbene im Jenseits die gleichen Bedürfnisse geltend wie im diesseitigen Leben. Also gab man ihm Schmuck, Geräte, Waffen und – in Bronzegefäßen – Speisen mit ins Grab. Wenn ein König starb, opferte man auch Pferde, manchmal sogar eine ganze Gefolgschaft von Dienern und Soldaten, die mit ins Grab gelegt wurden. Diese Menschenopferung wurde später abgeschafft, stattdessen fungierten naturalistische Bildwerke als Stellvertreter. Rudimente dieser Praxis haben sich bis heute in der populären Frömmigkeit Chinas erhalten beziehungsweise sind erneut aufgeblüht, nachdem sie von dem Kommunistenführer Mao Tse-tung als feudalistischer Aberglauben verurteilt und verboten worden waren. Noch heute kommt es vor, dass in China der Tote für das Begräbnis mit allen möglichen praktischen Dingen ausgestattet wird: einer Zahnbürste, Geld oder einem Laptop. Hinterbliebene basteln aus Papier westliche Konsumprodukte nach, wie Gucci-Taschen, Prada-Schuhe und Mobiltelefone, die dann allesamt dem Feuer übergeben werden – eine Art Reinigungsopfer, das die Vorfahren gnädig stimmen soll.

Bronzegefäß und Doppelsitzfigur haben eine interessante Sammlungs- und Ausstellungsgeschichte. Bronzegefäße entwickelten sich schon früh in der chinesischen Geschichte zu begehrten Sammelobjekten. Bereits im 6. Jahrhundert unserer Zeit erschien das erste Buch über alte Bronzen. Vor allem in jener Epoche, die wir Hochmittelalter nennen, fing man an, alte Bronzen zu sammeln, besser gesagt: sie auszugraben.

Denn sie waren lange nicht mehr in Gebrauch und konnten nur in den Gräbern hochgestellter Toter gefunden werden. Die Kaiser selbst und gebildete Vertreter der Oberschicht in der Sung-Zeit (960–1279) traten als leidenschaftliche Sammler von Bronzen in Erscheinung – eine Neigung, die sich in Ostasien bis in unsere Zeit erhalten hat. Erst gegen Ende des 19. Jahrhunderts tauchten archaische chinesische Bronzen auf dem europäischen und amerikanischen Markt auf. Man sammelte sie als Zeugnis einer vergangenen Kultur und stand sogleich im Bann ihrer künstlerischen Ausdruckskraft. Das hier betrachtete Stück gehörte dem Ehepaar Klingenberg, das 1996 seine exquisite Sammlung als Dauerleihgabe dem Museum für Asiatische Kunst in Berlin zur Verfügung stellte.

Die deutlich erkennbaren Risse auf der steinernen Doppelsitzfigur lassen sich leicht erklären, ist doch diese Skulptur in einem riesigen Puzzlespiel aus Bruchstücken wieder zusammengesetzt worden. Diese Skulptur galt in ihrer Entstehungszeit als Lebewesen, zumindest zog sie den Ahnengeist magnetisch an. Insofern ist sie in der Nacht vom 23. auf den 24. November 1943 wie zahlreiche andere Denkmäler vom Tell Halaf nicht nur zerstört worden, sondern auch gestorben, nachdem ein ehemaliges Fabrikgebäude von einer Brandbombe der British Royal Air Force getroffen worden war und bis auf die Grundmauern niederbrannte. Am 15. Juli 1930, an seinem 70. Geburtstag, hatte Max Freiherr von Oppenheim in der Fabrikhalle einer Eisengießerei in Berlin-Charlottenburg sein eigenes Tell-Halaf-Museum eröffnet, »eines der merkwürdigsten Museen«, wie es damals in der Lokalpresse hieß. Die Technische Hochschule hatte ihm diese Räume mietfrei überlassen. Die Königlichen Museen in Berlin hingegen hatten sich außerstande gesehen, von Oppenheim adäquate Ausstellungsräume für seine spektakulären Funde zur Verfügung zu stellen. Gut dreizehn Jahre später barsten die Kunstwerke aus Basalt in unzählige Bruchstücke. Hellsichtig sorgte von Oppenheim dafür, dass die Reste geborgen und in das Kellergewölbe des Pergamonmuseums gebracht wurden, in der Hoffnung, dass sie irgendwann einmal wieder zusammengefügt werden könnten. 55 Jahre lang, von 1944 bis 1999, lagen die Trümmer im Keller des Pergamonmuseums im Dornröschenschlaf, während ihr Eigentümer, die in Köln ansässige Oppenheim-Stiftung, sie aus den Augen verlor. Vier Jahre nach dem Fall der Mauer wurde mit der Sichtung und Sortierung begonnen. Die zweite Entdeckung geschah im Frühjahr 1999, als man die Bruchstücke auslegte und zuordnete, so dass die Werke schließlich ab 2001 rekonstruiert werden konnten. Aus 27 000 Einzelteilen wurden vierzig monumentale Steinbilder und Reliefplatten wieder zusammengesetzt, die bald prominent im Vorderasiatischen Museum zu bewundern sein werden. Die eigentlich im Krieg ums Leben gekommenen Götter und Ahnen von Tell Halaf sind also wieder zum Leben erweckt worden.

Ob diese beiden Artefakte in einem öffentlichen Museum ihre Existenz tatsächlich verewigen können, ist nicht ausgemacht. Der von chinesischen Bronzestücken magisch angezogene Mathematiker Wilhelm Klingenberg verrät Skepsis, wenn er sagt: »Und es bedrückt mich zugleich der Gedanke, daß diese Stücke, die Jahrtausende dem Schoß der Erde anvertraut waren, jetzt, wo sie ausgegraben sind, wohl nur noch geringe Chancen haben, abermals hundert Generationen zu überdauern.«[10] Die attraktive malachitgrüne Oberflächenverfärbung ist Resultat jahrtausendelangen Lagerns in der Erde. Die chinesische Erde ist der Bildung dieser Patina besonders günstig. Ursprünglich hatten die Bronzen eine goldgelbe Farbe. Unser Behälter, der die Aufgabe hatte, den verstorbenen Ahnen zu dienen, war den Blicken der Lebenden entzogen. Im Staatlichen Museum als Exponat besteht seine Funktion darin, von Lebenden angeschaut zu werden. Die Basaltfragmente aus Tell Halaf sind in ihrer Oberflächenstruktur weitgehend unverändert geblieben. Steinernes Material ist kaum zu übertreffen, wenn es darum geht, der Vergänglichkeit ein Schnippchen zu schlagen. Da es nicht verbrennt, bleiben von ihm stets Reste übrig. Basalt verkörpert wie kaum ein anderes Material die Kraft des Nachlebens der Antike: Anonyme Künstler hatten ihn bearbeitet und gestaltet, dann wurde er über Jahrtausende vergessen, bis er von Archäologen entdeckt wurde. Vom Krieg zerstört, erneut vergessen, ist diese Doppelsitzskulptur vor wenigen Jahren aus Einzelteilen montiert worden, um nun eine dauerhafte museale Karriere zu beginnen.

4 GERÄUSCH & EKSTASE

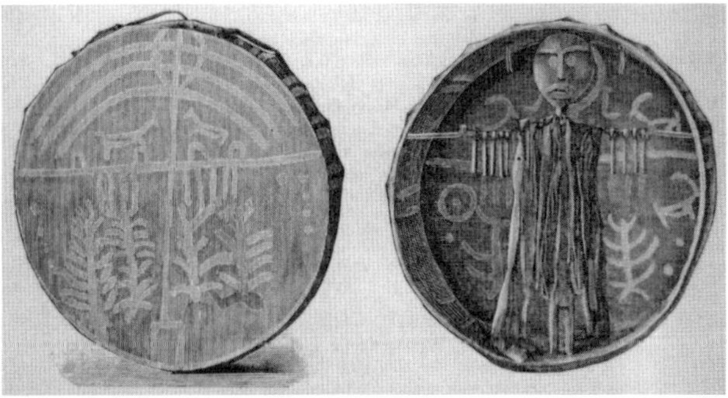

Schamanentrommel der Kalmücken (Oiraten) aus dem Altai (Sibirien), um 1884, Vorder- und Rückseite

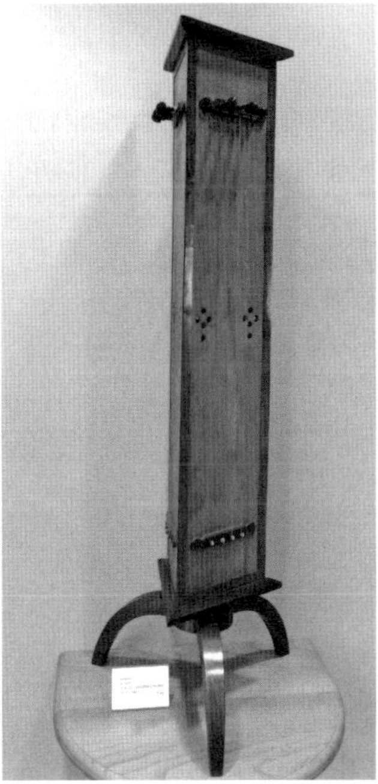

Äolsharfe, anonym, vermutlich Deutschland, um 1800

Geräusch, Rhythmus und Klang sind flüchtig und deshalb im Museum schwer zu vermitteln. Instrumente hingegen, mit denen sich vielfältige Klangentwicklungen anschaulich erzählen lassen, sind attraktive Ausstellungsobjekte. Bei den Objekten, die sich in diesem Kapitel gegenüberstehen, handelt es sich um eine Schamanentrommel und eine Windharfe.

Ertönen sie, lassen sie den Menschen nicht unberührt. Beide werfen die Frage auf, was die Hörwahrnehmung mit uns macht. Das Ohr, das man im Gegensatz zu Mund und Augen nicht schließen kann, ist offen für alle äußeren Einflüsse. Zentripetale Eindringlichkeit ist das Charakteristikum des Akustischen. Während der Vorgang des Sehens als zentrifugaler Prozess beschrieben werden kann, in dem die gesehenen Objekte als vom Subjekt getrennte Wirklichkeiten entworfen werden, ist der Hörsinn auf Aufnahme, auf Hingabe programmiert. Die Schallwellen dringen direkt in unseren Körper. Der damit einhergehende Verlust an Distanz erzeugt andererseits ein höheres Maß an Identifikation und Teilhabe oder auch Aversion und Wut – je nachdem, ob man von angenehmen Geräuschen der Natur oder enervierendem Baulärm umgeben ist. Beim Musikhören beispielsweise erleben wir uns quasi als Adressat der Geräuschproduktion, in besonders intensiven Hörerlebnissen können wir gar nicht mehr zwischen uns als Subjekten der Wahrnehmung und der Musik als dem wahrgenommenen Objekt unterscheiden. Wir verschmelzen mit den Tönen.

Geräuschkulissen, die uns umhüllen, unterliegen historisch-gesellschaftlichem Wandel. Das Klappern von Pferdehufen und das Scheppern von Milchkannen gehören für den Stadtbewohner von heute einer vergangenen Welt an. Mit der industriellen, der elektromechanischen und der elektronischen Revolution entstehen jeweils neue Geräuschwelten, die bis dahin unbekannt waren – durch Industriemaschinen, Eisenbahnen, Autos, Flugzeuge, Telefon, Klimaanlagen, Rundfunk und Fernsehen.[11] Die Sehnsucht nach Stille ist ein Topos der modernen Gesellschaft. In den immer lauter werdenden Städten ist Ruhe zum Statussymbol des lärmempfindlichen Kulturmenschen geworden. In der Tat leidet die Welt von heute an Geräuschüberflutung; es gibt so viele akustische Informationen, dass nur wenige davon deutlich wahrzunehmen sind. Das einzelne Geräusch ist nicht mehr von Stille umgeben, geht es doch in der permanenten Geräuschflut moderner Großstädte auf. Der darin aufwachsende Mensch verliert zunehmend die Fähigkeit, im Gehörten differenzierte Laute wahrzunehmen.

In vielen Kulturen wird Göttern die Macht zugeschrieben, Klänge, ja Krach zu erzeugen: entweder mit natürlichen Mitteln wie Wind, Wasser und Tieren oder mit Hilfe von Musikinstrumenten. Zahlreiche Schöpfungsmythen handeln von Knall und Klang, die die urzeitliche Stille erschütterten und die Welt ins Dasein riefen. In Mittelalter und früher Neuzeit war die Kirchenglocke das auffallendste Lautsignal. Auch das Innere der Kirche hallte wider von spektakulären Lautmalereien, um so den Schöpfer zu ehren – nicht nur, dass der Mensch seine Stimme zum Gesang erhob, auch erscholl die lauteste der bis dahin vom Menschen erzeugten Maschinen – die Orgel. Alles diente dazu, den Menschen bei Gott Gehör zu verschaffen. Spätestens mit der Industrialisierung wandelten sich Kirchen hingegen in Räume stiller Andacht, während der ursprünglich heilige Krach in die profane Welt ausgreift. Fabrikbarone machten durch lärmende Dampfmaschinen und Hochöfen auf sich aufmerksam und demonstrierten so ihre Macht.

Der Ethnologe Claude Lévi-Strauss hat mit guten Gründen die These vertreten, dass zwischen Lärm und Heiligem sowie zwischen Stille und Profanem ein Zusammenhang bestehe. Von der modernen, lärmgeplagten Welt aus betrachtet erscheint Lévi-Strauss' These abwegig. Ethnologische Studien über das akustische Klima von Stammesdörfern in Afrika oder Südamerika haben aber gezeigt, dass dort der Schallpegel in der Regel unter vierzig Dezibel lag – ausgenommen wenn bei Sonnenaufgang oder kurz danach ein Haustier, ein Hahn, ein Lamm, eine Kuh oder eine Taube sich bemerkbar machte und wenn dreimal wöchentlich ein heftiger Regenguss unter einem oder zwei lauten Donnerschlägen niederprasselte. Richtig laut wurde es hingegen, wenn Götter und Ahnen bei Zeremonien angerufen wurden. Den direkten Draht zur numinosen Macht bauten nicht zuletzt Trommelschläge auf.

Diese Trommel aus dem Ethnologischen Museum hat ein Schamane der Oiraten im sibirischen Altai geschlagen. Ein annähernd rund gebogener Holzrahmen ist einseitig mit einer bemalten Ledermembran bespannt – wahrscheinlich handelt es sich um die ungegerbte Haut eines jungen Wilds. Das ganze Klanginstrument ist sakral ummantelt. Der Rahmen ist aus dem Holz eines verehrten Baums hergestellt, der als Weltenbaum zugleich die Achse der Welt repräsentieren soll, das Leder der Schlagfläche, die als Leinwand einer mythischen Weltkarte dient, stammt von einem verehrten Tier, das für die Membran getötet werden musste. Dieses Gerät ist sowohl Werkzeug als auch

Fahrzeug, das heißt Instrument zur Tranceinduktion sowie Vehikel durch andere Welten. Rhythmische Trommelschläge, Ritualgesänge, bisweilen auch halluzinogene Pflanzen versetzten den Schamanen in einen tranceartigen Zustand. Schamanen verstehen sich als Reisende zwischen Diesseits und Jenseits. Intern wird die Trommel auch als »Pferd des Schamanen« bezeichnet. Erst Geräusche befähigen den Schamanen, den Körper zu verlassen und imaginäre Fernreisen zu unternehmen: zum Himmel, in die Meerestiefen oder in die Unterwelt. Sobald das Jagdglück ausblieb oder Krankheiten sich ausbreiteten, begab sich der Schamane auf eine Jenseitsreise (*kamlanie*), um im Austausch mit höheren Mächten die Übel zu beheben. Wie der Religionswissenschaftler Mircea Eliade festgestellt hat, ist der Schamane Medizinmann, Priester und Totenführer in einer Person, das heißt, er übt die Heilkunst aus, regelt die öffentlichen Opfer an die Himmelsgötter und geleitet die Seelen der Verstorbenen ins Jenseits. Voraussetzung dafür ist eine spezifische Ekstasetechnik, die ohne Lautproduktion nicht funktionieren würde.

Nicht alle Schamanentrommeln sind bemalt. Sobald man sie aber mit Darstellungen versieht, verwandeln sich die Trommelhäute in Projektionsflächen von Vorstellungen des Universums; immaterielle Weltanschauungen werden zum sichtbaren Bild. Hauptmerkmal der altaischen Trommelmalereien ist, dass sie durch die Wiedergabe einer menschengestaltigen Figur mit ausgestreckten Armen gegliedert sind beziehungsweise durch ein Kreuz, das die vier Himmelsrichtungen anzeigt. Wie bei einer mittelalterlichen T-Erdkarte können drei Weltregionen als Mikrokosmos identifiziert werden: die irdische, die unterirdische sowie die himmlische Welt. Die drei parallelen

Bögen verweisen ganz auf die vertikale Welt. Sie könnten den Regenbogen anzeigen, über den der Schamane hinaufsteigt, um in die oberen Regionen zu gelangen. Im Inneren der Schamanentrommel ist ein kreuzförmiger Holzgriff angebracht, der – spiegelbildlich zur äußeren Bemalung – ebenfalls als menschliche Figur gestaltet ist. Von ihren Schultern hängen farbige Stoffstreifen herab, von denen jeder auf eine gelungene Geisterbeschwörung verweist. Jede Trommel – auch diese – hat eine eigene Erfolgsgeschichte.

Eingerahmt in ein über Stunden andauerndes Ritual diente die Trommel als akustischer Antrieb und Taktgeber. Nicht zuletzt der Schlag auf die Trommel erzeugt ein Kraftfeld, das den Schamanen befähigt, Unheil aufzulösen. Dank ihres Schalls konnte er überirdische Schutzgeister, tiergestaltige Hilfstruppen und verstorbene Vorgänger herbeirufen. Das leise und langsame Trommeln zu Beginn sollte die Aufmerksamkeit des Publikums erregen und dem Schamanen helfen, sich zu konzentrieren. Schamanentrommeln produzieren meist tiefe und laute Töne von nicht klar bestimmbarer Tonhöhe und veränderlichem Klang. Unabhängig von der kulturellen Prägung können derartige Trommelschläge mit einer Frequenz von vier bis acht Herz Schläfrigkeit auslösen und Traumbilder evozieren. So mancher Trommelschlag und Schamanengesang aus Sibirien ist auf Wachswalzen gespeichert und wird im Phonogramm-Archiv des Berliner Ethnologischen Museums aufbewahrt, wo er wieder zum Klingen gebracht werden kann – wenn auch mit störendem Hintergrundrauschen.

Trommeln wurden wie lebende Wesen behandelt und mussten sorgsam aufbewahrt werden, jede kleine Beschädigung hätte die Wirkkraft des Schamanen beeinträchtigt. Von der Zeit ihrer rituellen Geburt bis zu ihrem Tod hat die Trommel gegenüber dem Schamanen, für den sie eigens hergestellt wurde, eine Parallelbiografie. Sobald der Schamane stirbt, muss auch die Trommel verstummen: Sie wird zerschlagen.

Die Trommel als unentbehrlicher Gegenstand in schamanischen Zeremonien gewährleistet die Kontaktaufnahme mit der spirituellen Welt – kein Wunder, dass Sowjetkommunismus und christliche Mission derartige Trommeln als Relikt des Aberglaubens ausgemerzt wissen wollten. Mit dieser Schamanentrommel gelangt ein »heiliges Objekt«, seiner ursprünglichen Funktion beraubt, in ein Museum. Trommeln, die in unbefugte Hände gerieten, stellten eine permanente Bedrohung dar, so der indigene Glaube. Wie würde das Berliner Ethnologische Museum reagieren, wenn Angehörige der Oiraten diese Schamanentrommel zurückfordern wollten? Vielleicht mit der Antwort, dass sie nach wie vor am besten im Museum aufgehoben sei, in einem Raum, der sie vor ideologischem Vandalismus jeglicher Couleur schützt.

Vom Ton, den der Schlag einer Hand auf eine bespannte Fläche auslöst, kommen wir nun zum geheimnisvollen Klang, den der Wind erzeugt. Wind – Luft in Bewegung – ist Geräusch. Es ist kein Zufall, dass das Deutsche zahlreiche Verben für die Geräusche des Windes parat hat: brausen, heulen, pfeifen, sausen etc. Mussten in einer waldreichen Region nicht allein deshalb verschiedene Geräusche entstehen, weil sich der Wind an unterschiedlichen Blattsorten rieb? Die Äolsharfe, auch Wind- oder Wetterharfe genannt, ist ein Instrument, dessen Saiten durch Einwirkung eines Luftstroms zum Schwingen gebracht werden. Dieses eigentümliche Saiteninstrument spielt von selbst, beziehungsweise spielt es der Wind. Der Name

Äolsharfe leitet sich von Aeolus ab, dem Beherrscher der Winde in der griechischen Mythologie. Dieses um 1800 gefertigte Exemplar in Gestalt eines gleichseitigen, dreikantigen Prismas hat drei Resonanzdecken aus Fichtenholz, die mit Mahagoni umleimt sind. Das Instrument sitzt drehbar auf einem Dreifuß. Sobald man das Gerät vor das geöffnete Fenster stellt, kann man sich an vom Luftzug erzeugten Klängen erfreuen. Wenn auch alle Saiten auf denselben Ton gestimmt sind, verändert sich die Intensität der Obertöne je nach Windgeschwindigkeit. Allein weil die Saiten verschieden dick sind, treten unterschiedliche Obertöne hervor. Der Klang ist von intensiver Wirkung; je nach Stärke des Windes schwellen die Akkorde an – von *pianissimo* bis *fortissimo* –, um dann wieder zu verhallen.

Der heutige, von technischen Wiedergabemedien verwöhnte Nutzer muss die Windharfe als Kuriosität empfinden. Ist der Klang der Windharfe überhaupt Musik? Wer unter Musik Melodieerzeugung versteht, muss die Frage eher verneinen. Auch die Frage, ob Äolsharfen tatsächlich Musikinstrumente sind, drängt sich auf. In »Instrument« steckt die Bedeutung von Werkzeug, im Riemann-Musiklexikon wird »Musikinstrument« definiert als »ein meist handwerklich hergestelltes Gerät zum Erzeugen vor allem musikalisch verwendbaren Schalls«. Ein Werkzeug benutzt man normalerweise, um damit etwas zu erzeugen oder herzustellen. Die Windharfe hat jedoch keine Tasten, wird nicht gestrichen, gezupft oder geblasen, es gibt keine Beziehung zwischen dem Körper des Musizierenden und dem Korpus der Windharfe. Im Entstehen ist ihr Klang nicht zu beeinflussen. So firmiert dieses Instrument wohl eher unter der Kategorie »Musikautomat«, wenn diese Zuordnung nicht ebenfalls hinken würde: Musikautomaten geben wieder, was man vorher programmiert beziehungsweise an Tonfolgen in sie eingegeben hat. Man ist bemüht, sie so zu bauen, dass das Ergebnis in jedem Detail vorhersehbar ist. Die Windharfe bringt zwar nichts völlig Unerwartetes hervor – sie bleibt immer im Rahmen des Obertonklangs, auf den sie eingestimmt ist –, aber welche Einzeltöne aus dem Obertonspektrum sie jeweils ertönen lässt, das hängt ganz von der Stärke des unberechenbaren Windes ab.

Das Klangbild der Windharfe, ihr ständiger Wechsel in Abhängigkeit vom veränderlichen Windstrom hat die Phantasie von Dichtern angeregt, Komponisten zu Werken inspiriert und Naturwissenschaftler vor Rätsel gestellt. Einer der Ersten, welcher der Äolsharfe theoretisch auf den Grund ging, war Athanasius Kircher, ein Jesuit aus dem barocken Rom, der angeblich alles wusste. Er sah in der Äolsharfe für die Töne das, was das Prisma für das Licht darstellte. Wie das Prisma weißes Licht in reine Farben zerlegt, so zerlegt die Windharfe diffuse Klangfarben des Grundtons in eine Reihe fast reiner einzelner Teiltöne. 1792 veröffentlichte der Schriftsteller und Physiker Georg Christoph Lichtenberg in dem von ihm herausgegebenen *Göttinger Taschenkalender* einen Aufsatz zur »Äolusharfe«. Nach ihm vereinigt das Instrument eine »Mannigfaltigkeit entzückender Töne, die alle Beschreibung übertrifft. Sie gleichen dem sanft anschwellenden und nach und nach wieder dahin sterbenden Gesang entfernter Chöre, und überhaupt mehr einem harmonischen Gaukelspiel ätherischer Wesen, als einem Werke menschlicher Kunst.«[12]

Musik, die von selbst ertönt, erschließt eine überirdische Sphäre – dieser Gedanke war bereits der Antike geläufig. Der griechische Philosoph und Mathematiker Pythagoras war der Auffassung, dass jeder um seine Achse sich drehende Planet in einer bestimmten Tonlage erklingt. Auf der Grundlage der genauen Zahlenverhältnisse der einzelnen Töne zueinander kommt eine Tonleiter zustande, nach der unser Hörvermögen auch heute noch, also 2500 Jahre später, ausgerichtet ist. Die Geschichte von Äolsharfen reicht zurück bis in die Zeit des israelischen Königs David. In der Bibel wird von diesem König erzählt, er habe seine Harfe *kinor* über seinem Bett so aufgehängt, dass er nachts dem Klang der durch den Wind angeregten Saiten lauschen konnte. Auch in den Epen des griechischen Dichters Homer aus dem 8. Jahrhundert v. Chr. stößt man auf Beschreibungen der Äolsharfe. Die unterschiedlich dicken Saiten erzeugten im Wind überraschende geheimnisvolle Klangvariationen, die man für übernatürlich hielt. Von Harfen, die durch den Luftzug erklingen, wird auch im Mittelalter berichtet, wo der Klang der Äolsharfe häufig mit Zauberei in Verbindung gebracht wurde. Dass die Äolsharfe oft als Sinnbild für den Poeten gilt, mag auf den Begriff des »afflatus« zurückzuführen sein. In der Poesie versinnbildlichen Begriffe wie »Inspiration« oder »afflatus« das Einwehen, Einhauchen von etwas durch einen göttlichen Wind. Cicero spricht von der Idee als einem unerwarteten Hauch, der den Poeten ereilt – und obwohl ein Hauch etwas eher Zartes ist, verkörpere er eine mächtige Gewalt, der der Dichter machtlos ausgesetzt sei.

Besonders die Romantiker waren von der Windharfe fasziniert. Sie fanden sie geheimnisvoll, kamen doch ihre Klänge ohne menschliches Eingreifen und ohne Manipulation zustande. Äolsharfenklang galt als ursprüngliche Stimme der Natur. Eduard Mörike war davon so angetan, dass er dem Instrument mit dem

Gedicht *An eine Äolsharfe* 1837 ein Denkmal setzte, das sowohl von Johannes Brahms als auch von Hugo Wolf in Liedern vertont worden ist: »Angelehnt an die Efeuwand / dieser alten Terrasse / du, einer luftgebornen Muse / geheimnisvolles Saitenspiel, / fang an, / fange wieder an, / deine melodische Klage!« In der Dynamik des späten 19. Jahrhunderts ging der Sinn für diese kontemplative Haltung verloren, die Windharfe kam aus der Mode. Es wäre den Menschen jener Zeit als Zumutung erschienen, sich von den Launen der Windharfe abhängig zu machen, das Ungeplante und Unplanbare zur Grundlage ästhetischen Hörgenusses zu machen. Der *Homo faber* wollte sich die bewegenden Kräfte systematisch unterwerfen. Das »Naturschöne« hatte von nun an kaum mehr eine Chance im Reich der Musik als Schöpfung des Menschen.

In Windharfe und Schamanentrommel kreuzen sich zwei unterschiedliche Klangkonzepte, die aber vergleichbare Empfindungen auslösen und ähnliche Dimensionen berühren. Beide sind als Artefakte das Ergebnis handwerklicher Geschicklichkeit. Während bei der Windharfe der Romantiker vollkommen passiv bleibt und dadurch in die Lage versetzt wird, die Klänge als *acheiropoieton*, als nicht von Händen erzeugt, zu transzendieren, gelangt der Schamane mit der Trommel durch permanente klangerzeugende Intervention in die himmlische Sphäre.

5 TRACHT & MODE

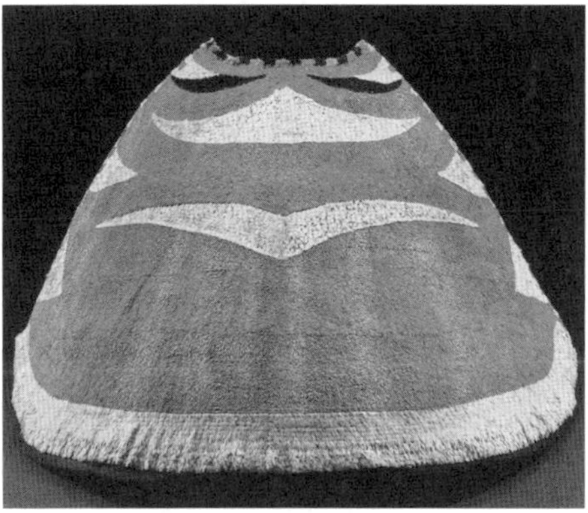

Federmantel, um 1800, Polynesien, Hawaii

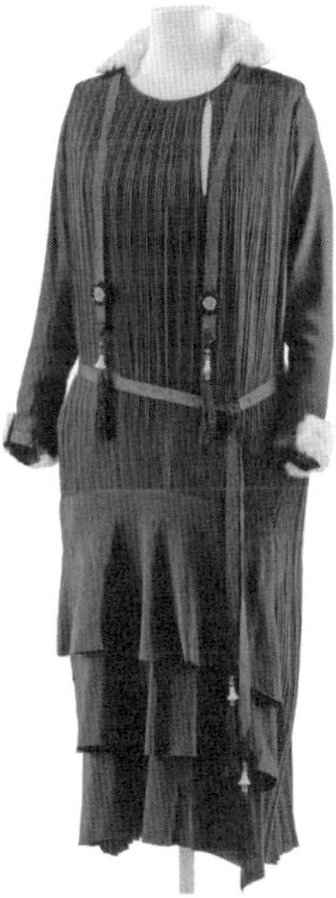

Coco Chanel, Nachmittags-
kleid mit Hermelinbesatz,
um 1922

Wie kein anderer Gegenstand der Museumswelt ist Kleidung hautnah mit dem Menschen, seinem Körper, seinem Geschlecht und seinem Handeln verbunden. Kleidung ist eine Schichtung, die sich um den Leib spannt und die nach ihrer Position am Körper unterschieden werden kann, von unten nach oben: Schuhe und Strümpfe, Hosen und Hemden, Jacken und Mäntel, Schals und Mützen. Tracht ist das, was getragen wird. Und die blieb immer gleich, wurde von der Überlieferung regelrecht zementiert. Früher wäre niemand auf die Idee gekommen, an Details der Tracht etwas zu verändern. Trachtenmode, eigentlich ein Unding, gibt es erst seit der Moderne. Kleidet man sich bewusst und zeitgemäß, dann geht man nach der Mode. Mode kommt nirgendwo so stark zur Geltung wie bei der Kleidung. Sie ist eine ebenso kurzlebige wie angemessene Art, sich anzuziehen. Mode bedeutet, dass Kleidung nicht nur dazu dient, den menschlichen Körper vor Wärme oder Kälte zu schützen, sondern auch, ihn ästhetisch zu gestalten. Mode und Moderne gehen auf dieselbe Wortwurzel zurück. Für den Soziologen Georg Simmel stellt Mode den Wechsel auf Permanenz. Paradoxerweise löst sich Mode auf, sobald sie sich ausbreitet, zu einer Massenerscheinung wird. Sie wird altmodisch und von einer neuen Mode verdrängt. Mode verkörpert im besonderen Ausmaß eine Ambivalenz, sind doch in ihr Distinktion und Assimilation, Differenz und Egalität oder »Unterscheidungsbedürfnis« und »Nachahmung« (Georg Simmel) komplementär verschränkt.

Seit jeher sendet Kleidung Signale aus, angefangen mit der Unterscheidung der Geschlechter: »Eine Frau soll nicht Männertracht tragen, und ein Mann kein

Frauenkleid anziehen; denn jeder, der das tut, ist dem Herrn, deinem Gott ein Gräuel«, heißt es bereits im biblischen Buch *Deuteronomium* (22,5). Umso überraschender ist der Befund, dass Frauen und Männer in Europa von der Antike bis ins Hochmittelalter ähnlich gekleidet waren, meist umhüllt von mehrlagigen Gewändern wie dem griechischen Chiton oder der römischen Tunika. Hosen galten hingegen bei Griechen und Römern als Klamotten der Barbaren. Die historische Modeforschung hat herausgefunden, dass sich Männer- und Frauenkleidung ab dem 14. Jahrhundert deutlicher voneinander abzuheben beginnen. Diese Entwicklung, die sich zunächst vor allem in elitären Kreisen vollzog, wird mit dem Übergang der ritterlichen Rüstung vom Kettenhemd zum die virilen Körperformen betonenden Plattenpanzer in Zusammenhang gebracht. Dabei setzt nicht nur die ausgestopfte Schamkapsel erotische Akzente. Die Frauen hingegen blieben in Modefragen lange Zeit defensiv, wenn sich auch bei ihnen das Gewand von nun an dem Oberkörper enger anschmiegte, um sich dann von den Hüften abwärts zu bauschen und bisweilen in eine Schleppe auszulaufen.

Kleidung darf in den Objekt-Duellen nicht fehlen. Aus diesem Bereich soll ein farbenfroher Federumhang für eine herausgehobene männliche Person aus Hawaii mit einem ebenso funktionalen wie modischen Frauenkleid kontrastiert werden. Kleidung vermittelt Botschaften, wie die vestimentäre Geschichte auch am Beispiel dieser Exponate zeigen kann: Als Vehikel der Repräsentation dient sie der Markierung von Standesunterschieden. Menschen, die in der sozialen Hierarchie herausragen, benötigen als Erkennungsmittel außergewöhnliche Kleidung. Im Abendland waren der Hochadel und der Klerus in kostbare purpurne Seide gehüllt, in Hawaii kleideten sich die Würdenträger mit Federhelm oder Federumhang. Dass Kleidung, in der man sich ohne einengende Elemente frei bewegen konnte, auch chic sein kann, zeigt ein von Coco Chanel entworfenes Kleid, ein Kleid für die moderne berufstätige Frau.

In Hawaii präsentierten sich Männer, wenn der Anlass es verlangte, besonders bunt. Dieser prächtige Mantel aus leuchtend roten und gelben Federn verlieh seinem Träger einst Stolz, Würde und Macht. Federmäntel gehören zu den spektakulärsten Gegenständen aus Hawaii. Sie waren visuelle Symbole des Prestiges der Häuptlinge. Diese Umhänge hatten schon immer Seltenheitswert. Frauen bereiteten die Federn vor, danach lag die Herstellung der Mäntel in den Händen angesehener Männer, die Tausende von Vogelfedern mit ihren Fasern auf einer Art Fischfangnetz befestigten. Federn waren das kostbarste Rohmaterial, das die Bewohner auf Hawaii zur Verfügung hatten, sie waren so wertvoll wie Jade in China oder Gold in Europa. Wenn man zur Kenntnis nimmt, dass ein Vogel gerade einmal vier Federn ergibt und für einen Federmantel bis zu 27000 Federn gezupft werden müssen, dann kann man sich ausrechnen, wie viele Vögel benötigt werden, um einen derartigen Mantel herzustellen. Es kann als sicher gelten, dass der Häuptling einen Stab von mehr als hundert Bediensteten verpflichtete, die die Vögel aufspürten, fingen, dabei oft töteten, um deren Federn zu sammeln und zu pflegen. Kleidungsstücke aus Federn wurden im ganzen Pazifik nirgendwo so perfekt und farbenfroh kreiert wie auf den Hawaii-Inseln, die vor der Ankunft der Europäer fast 500 Jahre lang von äußeren Einflüssen unberührt geblieben waren.

Niemand anderes als der König selbst durfte den Mantel mit den bunten Federn tragen. Unbefugtes Anziehen beschwor Schaden, Krankheit und Krieg herauf. Da die Umhänge die heiligen Körper der Häuptlinge berührt hatten, enthielten sie *mana*, die sakrale Macht dieser Personen. Gerade deswegen war es für andere gefährlich, sie zu tragen oder auch nur zu berühren. Unter den *kapu*, den Verhaltensvorschriften der Hawaiianer, waren Kleidungsrestriktionen besonders wichtig und unter diesen vor allem die Vorschrift, dass selbst ein Königssohn nicht die Kleidung seines Vaters tragen durfte. Aus diesem Grund wurden etliche dieser im Herkunftsland nutzlos gewordenen prächtigen Königsmäntel im 18. und frühen 19. Jahrhundert an europäische Schiffskapitäne verkauft, die in Hawaii anlegten. So übergab man auch diesen Mantel 1828 an den Deutschen Wilhelm Oswald, der das Geschenk zusammen mit anderen Gegenständen an Bord des preußischen Seehandlungsschiffes *Princess Louise* verstaute und nach Berlin brachte. Dort konnte Oswald den Mantel König Friedrich Wilhelm III. überreichen. Für Kleidung, die nicht mehr am Leib getragen wurde, gab es in Europa mit den Museen inzwischen Einrichtungen, die ausgestattet werden wollten.

Der Federmantel aus der Sammlung des Berliner Ethnologischen Museums stammt aus dem Besitz des Königs Kamehameha III. Sein Vater, Kamehameha I., soll ihn noch getragen haben. Er wurde als »Kriegsmantel« bezeichnet, in Anspielung auf die zahlreichen von Kamehameha I. geführten Scharmützel. Auf den Inseln hatten sich nach der europäischen »Entdeckung« durch James Cook 1778 verstärkt Rivalitäten unter den einzelnen Häuptlingen herausgebildet, die – auch mit Unterstützung von Weißen und mit

Feuerwaffen – militärisch entschieden wurden. Die Hawaiianer waren überzeugt, dass der Feind sich erschrecken würde, sobald das Federkleid im Kampf getragen wird.

Im Jahr 1912, zum 100. Jahrestag der Befreiungskriege gegen Napoleon, sollte der Mantel eine eigentümliche globale Waffenbrüderschaft beglaubigen, in seiner Gabe an den preußischen König sah man eine Huldigung, »die der kriegerische Herrscher der Hawaii-Inseln dem Ruhme darbrachte, den Preußens Volk in Waffen in den Freiheitskriegen sich erworben hatte, der bis zu den fernen Südsee-Eilanden gedrungen war und die Bewunderung ihres Herrschers erweckt hatte«.[13]

Der Federmantel besticht durch Farbenfreude: Rote Federn betrachtete man als eine der verehrungswürdigsten Schöpfungen der Natur. Ihnen wurde die Eigenschaft oder Fähigkeit zugeschrieben, dasjenige zu beleben, womit sie verbunden waren oder was sie bedeckten. Außer wichtigen Kriterien wie Länge und Form sowie der roten Farbe dieser rituellen Objekte war das in Gelb eingearbeitete Muster von herausragender Bedeutung. Gelbe Federn waren noch seltener und weitaus schwieriger zu beschaffen; sie hatten eine politische Bedeutung, weil nur mächtige Häuptlinge sie in größerer Zahl erwerben konnten, und nur sie hatten das Recht, ein gelbes Muster in ein Federstück einfügen zu lassen. Rote Federn stammten vor allem vom Vogel *Vestiaria coccinea*, die gelben Federn vom *Moho nobilis*. Während der schwarze Vogel mit gelben Federn an den Flügeln und am Schwanz den Eingriff überlebte, wurde der vollständig rot gefiederte Vogel getötet. Um die Vögel zu fangen, beschmierte man Äste in Büschen mit Honig- und Nektarsorten, so dass die Vögel, von der

Substanz angelockt, festklebten und sich nicht mehr befreien konnten.

Vögel sind Wesen, die zwischen Himmel und Erde oszillieren, sie schienen daher mit göttlicher Kraft gesegnet. Aus ihren Federn hergestellte Kleidung eröffnete den Zugang zu einer sakralen Sphäre, die allein dem König vorbehalten blieb. Die Federkostüme der hawaiischen Könige stellten königliche Insignien dar. Jedem, der diesen Federumhang trug, war übernatürliche, heilige Macht gegeben – so der indigene Glaube. Dass James Cook sogleich ein Umhang aus roten Federn umgelegt und ein Federhelm aufgesetzt wurde, als er 1779 auf Hawaii landete, lag daran, dass Einheimische ihn für die Verkörperung eines Gottes hielten. Cook hingegen verglich die Federn der Mäntel mit europäischem Samt.

Bemerkenswerterweise gewöhnten sich die Hawaianer schnell an westliche Kleidung. Stellte John Webber, mit James Cook auf dessen dritter Entdeckungsreise als Künstler unterwegs, Ureinwohner noch in einheimischer Federtracht dar, hatte sich die Situation wenige Jahrzehnte später grundlegend geändert. Kamehameha I. erhielt von George Vancouver 1793 gleich drei westliche Mäntel. Mit jedem hochrangigen Schiffsbesuch erhöhte sich die Zahl seiner Uniformen. Als Robert Dampier, der Lord Byron ebenfalls als Künstler auf seiner Hawaii-Reise begleitete, 1825 den jungen Kamehameha III. darstellen wollte, hatte er Mühe, die Hofleute in ihren traditionellen Kleidern zu malen. Eine Fotografie zeigt König Kamehameha III. kurz vor seinem Tod im Jahr 1854 in ziviler Kleidung, wie sie europäischer kaum sein konnte.

Im Europa des 19. Jahrhunderts sollten Männer zu »grauen Mäusen« mutieren, sie verabschiedeten sich weitgehend aus der Mode. In der höfischen Welt der frühen Neuzeit waren es ja die Männer gewesen, die aus lauter Gockeln bestanden, die Trikothosen mit spitzen Schuhen kombinierten, welche mit dem Absatz das Bein optisch verlängerten. Der Sonnenkönig aus Versailles stellte die schönen Beine eines hervorragenden Tänzers in weiß glänzenden Seidenstrümpfen zur Schau, die durch Schuhe mit roten Absätzen und Schleifchen noch gestreckter wirkten. Im 19. Jahrhundert hat sich dann die nur schüchtern abgewandelte Trias von Jacke, Hose und Weste als Grundelement der bürgerlichen Männerkleidung etabliert. Bei Männern sollte die Schale von nun an austauschbar sein, der Kern war das, worauf es ankam, oder in den Worten von Friedrich Theodor Vischer: »Das männliche Kleid soll überhaupt nicht für sich schon etwas sagen, nur der Mann selbst, der darin steckt, mag durch seine Züge, Haltung, Gesicht, Worte und Taten seine Persönlichkeiten geltend machen.«[14] Die Bemühungen der Modeindustrie, der Modezeitschriften und der großen Modehäuser waren fortan auf Frauen gerichtet. In den Entwürfen modischer Kleidung wurde Weiblichkeit immer wieder aufs Neue definiert. Männer, die ihren Körper wie die Höflinge aufreizend zur Schau stellten, gerieten hingegen im Laufe des 19. Jahrhunderts in den Ruf des Dandys, des Weiberhelden oder des Schwulen. Der amerikanische Soziologe Thorstein Veblen machte Ende des 19. Jahrhunderts in seiner *Theorie der feinen Leute* darauf aufmerksam, dass männliche Bürger die Akte des demonstrativen Konsums – die Ausstellung von Luxus und Müßiggang – auf das weibliche Geschlecht übertragen hätten. Die wirtschaftlich weitgehend machtlosen Frauen gingen im Exhibitionismus ökonomischer Macht auf, von der sie gerade wegen ihrer Geschlechtszugehörigkeit ausgeschlossen waren.

Den Einflüssen eines immer praktischer und schlichter gestalteten Standardmodells männlichen Outfits konnte sich auch die Damenmode nicht dauerhaft entziehen. Gabrielle »Coco« Chanel sorgte mit ihren schlichten sportlichen Entwürfen für Furore, die elegant waren, aber höchsten Tragekomfort garantierten. Bis heute gilt sie als Erfinderin der Kurzhaarfrisur und körperfreundlich geschnittener Frauenkleidung, die ohne Korsett getragen werden konnte. Sie führte legere, leichte Materialien wie Jersey in die Damenbekleidung ein. Im Vorderteil dieses hochgeschlossenen einteiligen, langärmeligen, gefalteten Kleides sind in Hüfthöhe drei glatte Volants eingesetzt. Weißer Pelzbesatz am Kragen und an den Manschetten verleihen dem eigentlich strengen Charakter des Kleides etwas Spielerisches, vor allem aber Eleganz. Der asymmetrische Schlitzverschluss links unter dem Halsausschnitt erlaubt es, das Kleid einfach über den Kopf zu ziehen.

Unehelich geboren – die Mutter war Wäscherin, der Vater Hausierer –, verbrachte Coco Chanel ihre Kindheit in einem strengen katholischen Waisenhaus. Nonnen unterrichteten dort die Mädchen im Nähen, damit sie später ein Einkommen hatten. Mit enormer Energie arbeitete sich Chanel von der Näherin bis zur Chefin eines internationalen Modekonzerns hoch, ein Aufstieg, der von einer ganzen Phalanx geschickt ausgewählter Liebhaber finanziert wurde. Inspiriert vom Outfit der Sportler, Reiter, Seeleute und Fischer, entwickelte sie eine ebenso schlichte wie elegante Kleidung, die viel praktischer war als die Mode, die bis zum Ersten Weltkrieg vorherrschend gewesen war. Ganz im Gegensatz zur konservativ-opulenten steifen Damenmode jener Zeit entstand in den 1920er

Jahren der typische Chanel-Look aus simplen, androgynen Schnitten mit fließenden weichen Stoffen und tief sitzenden Taillen. »Es war ganz einfach eine Veränderung fällig, irgend etwas ging zu Ende, eine unschöne Zeit; alles war sehr häßlich. Die Frauen waren schlecht gekleidet, sie trugen etwas, das man damals *Parabère* nannte. Eine hohe Brust, das Hinterteil stark betont, die Taille eng geschnürt, Abendtoiletten waren das, die Frauen trugen Abendtoiletten. ... Man steckte sich Vögel in die Haare, alle hatten übrigens falsche Haare. Die Kleider waren so lang, daß sie über den Boden schleiften und man alles hinter sich herzog.«[15] So schildert Chanel rückblickend die sperrige Mode der Jahrhundertwende.

Modern war damals das *sans ventre*, eine Korsettform, die Bauch und Hüften völlig einschnürte. Sportliche Aktivitäten oder sonstige körperliche Anstrengungen waren darin undenkbar. Zudem wog die Kleidung viel – eine bürgerliche Frau schleppte um 1900 rund 4,5 Kilogramm Kleidungsballast mit sich herum. Gegen die »Wespentaille« als Modemarter formierte sich eine illustre Allianz aus Medizinern, Moralisten und Feministinnen. Sie sagten dem einengenden Mieder aus unterschiedlichsten Gründen den Kampf an: Während die Mediziner um die Gesundheit der Frauen besorgt waren, wirkte für Moralisten die Betonung der Taille zu aufreizend. Die Frauenrechtlerinnen wiederum verdammten das Korsett, weil es ihrem Ideal der beruflich und politisch aktiven, sportlich-emanzipierten Frau widersprach. Doch erst 1906 gelang einem Pariser Modeschöpfer der Durchbruch. Paul Poiret, von Orient und Antike inspiriert, entwarf Kleider mit hoher Taille und losem Fall. Einschnürende Korsetts gehörten von nun an der Vergangenheit an.

Was die Damenkleidung revolutionierte, waren nicht zuletzt die veränderten gesellschaftlichen Bedingungen während des Ersten Weltkriegs. Im Krieg mussten Frauen Tätigkeitslücken schließen, die die ins Feld hinausgezogenen Männer hinterlassen hatten, im Post- und Telegrafenwesen, bei der Müllabfuhr und in Munitionsfabriken. Nach dem Krieg waren die Frauen, die sich an ihre Selbstständigkeit gewöhnt hatten, nicht mehr bereit, diese gegen eine bloße Hausfrauenrolle einzutauschen. Sie verdienten Geld, trieben Sport, fuhren Auto, vergnügten sich in Bars und Varietés. Die Taille verschwand, die Gürtellinie glitt hinunter bis auf die Hüften. Röcke wurden zunehmend kürzer, selbst Hosen waren tolerabel. Die Unterwäsche verabschiedete das Korsett zugunsten eines leichten Büstenhalters und Hüftgürtels. Wollte die Frau weiterhin attraktiv auf Männer wirken, musste sie zu einer neuen erotischen Ausstrahlung finden. Die geschlechtsbetonte Zone rutschte von oben nach unten; nicht mit dem Busen, sondern mit den Beinen wurden Männer betört. Dahinter stand nicht nur der Wille, zu verführen. Die Frauen schätzten die Bequemlichkeit kürzerer Kleider und wollten sich keinem männlichen Modediktat mehr unterwerfen.

Vergegenwärtigen wir uns die Frau Mitte der 1920er Jahre, so entsteht in uns das Bild einer schlanken, Charleston tanzenden Person in einem kurzen Hänger mit langer Zigarettenspitze, Perlenkette und Bubikopf. Kaum zehn Jahre zuvor war die Frau noch in ein langes, hochgeschlossenes Gewand gehüllt gewesen, die gewellten Haare zu Knoten aufgesteckt, auf denen eine mehr oder weniger auffällige Kopfbedeckung saß. Die neue moderne Frau stieg zu einem Bildtopos auf, der von vielen reich illustrierten Modejournalen propagiert wurde. Coco Chanel verkörperte selbst die neue Frau, für die sie ihre Mode machte, als *self-made woman*, die von niemandem abhängig war, wie sie nicht müde wurde zu betonen. In der Langzeitsicht des 20. Jahrhunderts sollte Chanel mit ihrer ästhetisch ausgewogenen Zweckmäßigkeit einen bleibenden Stil schaffen, der sich von den vergänglichen Moden abhob.

6 GESTALT & WUNDER

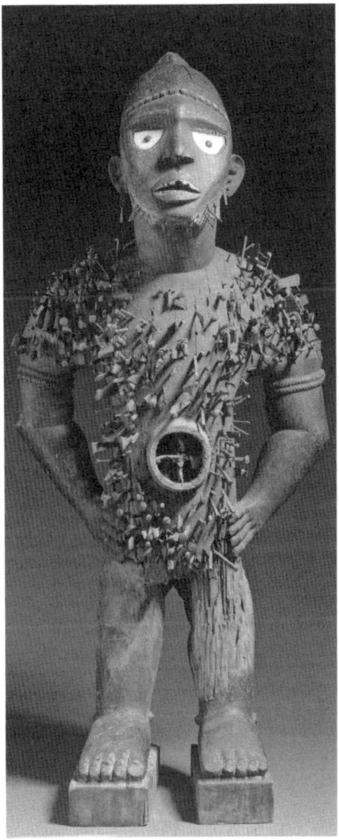

Kraftfigur (nkisi), Stamm der Yombi, Nordwest-Kongo, 19. Jahrhundert

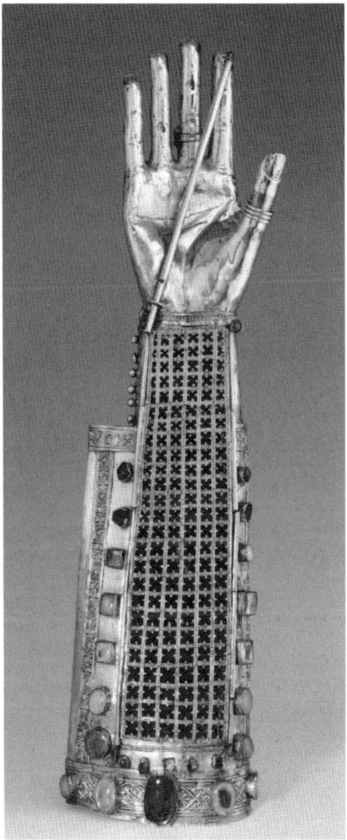

Armreliquiar des heiligen Georg aus dem sogenannten Welfenschatz, Braunschweig, St. Blasius, um 1350

Was haben eine sogenannte Kraftfigur aus dem Kongo, die mit zahlreichen Nägeln übersät ist, und ein goldener Reliquienbehälter in Form eines Armes, in dem ein in Tuch eingewickeltes menschliches Knochenfragment sichtbar aufbewahrt ist, gemeinsam? In diesem Duell sind noch mehr als in den bisher vorgestellten Beispielen Artefakte die Protagonisten, die das Gewöhnliche überschreiten, keine Dinge also, die man braucht, um den Alltag zu bewältigen. Vielmehr erheischen sie Respekt, weil sie handeln und Wunder vollbringen können. Diese Kunstgegenstände eignen sich in besonderer Weise als Projektionsflächen für Wünsche und Hoffnungen, zugleich scheint von ihnen selbst eine Wirkung auszugehen, auf die man sich einstellen muss. Verbunden mit der Vorstellung, dass sie unsichtbare Kräfte bündeln und steuern, gewährleisten sie das Zusammenleben der Menschen. Wissenschaften waren in der Moderne um so rationaler, je besser sie es verstanden, sich von den magischen Eigenschaften der Dinge abzugrenzen. Die Wissenschaft denunzierte das animistische Weltbild, bis nichts mehr von ihm übrigblieb: Erst wenn Mensch und Ding, Seelenleben und materielle Außenwelt, Imagination und Realität, Zeichen und Dinge, Belebtes und Unbelebtes peinlich auseinandergehalten würden, könne eine Zivilisation funktionieren, die auf Gesellschaftsvertrag, Wissenschaft und Technik beruht. Gegenstände aus außereuropäischen Kulturen, die Verehrungspraktiken auslösen, etikettiert man aus diesem Blickwinkel gern als »Fetisch« – in abgrenzender Absicht natürlich. An den Pranger gestellt wurde damit eine archaische Verhaltens- und Denkweise, die in Dingen Geister und Dämonen verkörpert sah.

Die Idee von toter Materie muss auch den Bewohnern des Kongobeckens fremd gewesen sein. Jeder Gegenstand, gleichgültig ob er aus organischen oder anorganischen Substanzen bestand, gleichgültig ob er von Menschen gemacht worden war oder ob man ihn einfach in der Natur vorgefunden hatte, war für sie Teil eines pulsierenden Universums und wirkte darin entsprechend der ihm zugeschriebenen Bedeutung. Im Grunde handelt es sich bei dieser mehr als einen Meter großen hölzernen Kraftfigur um einen Behälter, gefüllt mit Materialien, die spirituelle Kräfte anziehen, welche dann gezielt eingesetzt werden, um auf Fährnisse wie Krankheit, Krieg oder Raub zu reagieren. Die expressive Gestaltung der Figur vergegenständlicht geradezu ihre Kraft. Mit dem aggressiv nach vorn gereckten Kopf, den in die Hüfte gestemmten Armen – der Kampfstellung eines Ringers nachempfunden –, den aufgerissenen Augen aus weißem Porzellan, die hellseherische Kraft verkörpern, und dem leicht geöffneten Mund, der etwas sagen zu wollen scheint, strahlt sie Macht und Abschreckung aus. Auch die Ohren sind so gestaltet, als könnten sie tatsächlich hören. Im Kongo heißen diese Figuren *nkisi* (Mehrzahl *minkisi*). Damit werden sowohl die Figur als auch die in ihr vorhandene Kraft beziehungsweise die von ihr ausgehende Macht bezeichnet. Den Angaben des Ethnologen Robert Visser zufolge, aus dessen Sammlung dieses Objekt stammt, war dieser *nkisi* »der größte und gefährlichste«, den der kongolesische Stamm der Yombi besaß. Regelmäßige Opfer und Geschenke waren notwendig, damit die Menschen mit ihm in Kontakt treten konnten.

Minkisi entfalten ihre Wirkungen im Rahmen kosmologischer Vorstellungen, die auf Analogien, auf wechselseitigen Korrespondenzen beruhen. In ihrem

Zentrum steht ein ständiger Austausch zwischen dem sichtbaren »Land der Lebenden« und dem unsichtbaren »Land der Toten«. *Minkisi* haben nicht zuletzt die Funktion, die Verbindung zwischen den beiden Hälften des Kosmos herzustellen. Darüber hinaus sind in ihnen Kräfte gespeichert, um Hexen und Straftäter zu verfolgen, Unglück abzuwehren und Krankheiten zu heilen. Magisch aufgeladen und damit belebt werden die *nkisi*-Figuren nicht durch ihre Gestalt, sondern durch bestimmte Substanzen, die in sie eingelagert sind, wie beispielsweise Erde aus den Gräberfeldern oder bestimmte Mineralien, denen man Potenz zuschrieb, sowie durch organische Substanzen wie Schlangenköpfe, Pflanzenteile und Eidechsenkrallen, die aufgrund optischer oder verbaler Assoziationen auf bestimmte Eigenschaften und Fähigkeiten der Kraftfigur verweisen. Weiße Erde symbolisierte die Totenwelt, Federn waren Rangabzeichen für Wohlhabende. Eine besondere Wirkung schrieb man Spiegeln, Glasscheiben und Kaurischnecken zu. Reflektierende Materialien waren prädestiniert, böse Geister zu vertreiben, sobald diese sich in ihnen spiegelten. Diese Substanzen wurden nun entweder in eine Höhlung an der Rückseite oder in den Bauch der Figur gelegt oder an ihrem Kopf oder zwischen ihren Beinen befestigt. Während die Figur von einem Schnitzer angefertigt wurde, war die »Ladung« (*bilongo*), die Ausstattung der Figur mit einer spezifischen Kraft, dem Ritualexperten vorbehalten. Aus europäischer Sicht mochte die bei einem Handwerker in Auftrag gegebene Holzfigur die Essenz eines *nkisi* ausmachen, aus indigener Perspektive hingegen waren es die Ingredienzien, die in ihrem Innern ruhten. Die Figur war demzufolge als Produkt menschlicher Tätigkeit eigentlich wirkungslos. Erst ihre Kombination mit Substanzen, die in einer besonderen Beziehung zum Transzendenten stehen, verwandelte diesen Gegenstand in eine krafterfüllte Figur.

Minkisi müssen nicht menschlich geformt sein, sie können auch aus einem Topf oder einem Stein bestehen. Wahrscheinlich waren nicht-figürliche *minkisi* nicht nur zahlreicher, sondern auch entschieden älter. Wohl erst unter europäischem Einfluss im Rahmen von Missionierung und Kolonisierung haben sich figürlich-naturalistische Darstellungsformen herausgebildet. Die meisten erhaltenen und in westlichen Museen ausgestellten *minkisi* stammen aus der Hochphase der Kolonisation, aus der Zeit zwischen 1885 und 1920. Sammler, Missionare, Reisende und Kolonialbeamte waren vor allem von den menschengestaltigen Figuren fasziniert. Nicht selten sind im Kongo indigene religiöse Vorstellungen und Praktiken mit Formen christlicher Frömmigkeit vermengt. Kurz nach der Kontaktaufnahme mit den Portugiesen Ende des 15. Jahrhunderts waren die Eliten des Königreichs Kongo zum Christentum übergetreten. Dieser Konversion folgten Jahrhunderte relativer Isolation. Bis zum Beginn der klassischen Kolonisierung Afrikas im 19. Jahrhundert sollte es nur noch zu gelegentlichen Kontakten mit europäischen Händlern und Sklavenjägern kommen. Dieser Zeitraum hat zweifellos genügt, um eine ganz eigene Welt religiöser Ideen und Praktiken hervorzubringen, zugleich vermischten sie sich mit Versatzstücken aus der christlichen Kultur. Auch die Praxis, diesen Figuren Nägel einzuschlagen, könnte ihren Impetus aus christlichen Narrationen erhalten haben. Metallnägel konnten nicht anders als von Europäern in die Hände der afrikanischen Stämme gelangt sein. Und christliche Europäer scheinen auch so manches anregende Bildthema geliefert zu haben, in dem Nägel eine große Rolle spielen. Man denke nur an Abbildungen des Gekreuzigten oder an das Martyrium des heiligen Sebastian, in dessen Körper etliche Pfeile stecken: »Die Nagelfetische stellen insofern einen klaren Fall von kultureller Interferenz dar.«[16]

Sobald Nägel in die Figur geschlagen werden, entfesseln sich die Kräfte des Fetischs, wobei dieser Vorgang der Erfüllung eines ganz bestimmten Wunsches oder Befehls dient. So kann der Nagelfetisch dabei helfen, einen Lügner oder Dieb zu überführen. Da der *nkisi* belebt ist, ihm Gefühle eigen sind, empfindet er großen Schmerz, wenn ihm ein Nagel in den Körper geschlagen wird. Ziel der Aktion ist es, sein Rachegefühl zu wecken: Nägel einzuschlagen bedeutet, eine Gewalt, eine Schadensmacht gegenüber dem Übeltäter zu aktivieren. Das Einschlagen der Nägel ist meist in ein Zeremoniell auf dem Dorfplatz eingebettet. Durch Tanz, Trommeln und Alkohol versetzt sich der Priester in rituelle Ekstase, beim Nägeleinschlagen, also beim Schmerzzufügen, beschwört er das Unglück gegen das Übel herauf. Derjenige, dem durch diese Praktiken Schaden zugefügt werden soll, kann aber das drohende Unheil abwenden, indem er dafür sorgt, dass der Nagel wieder aus der Figur herausgezogen wird. Dafür muss er jedoch einen hohen materiellen Preis entrichten, während das Einhämmern der Nägel bei weitem nicht so viel kostet. Die Nagelschläge lösen also einen suggestiven psychologischen Druck aus, den Regelübertreter zum Einlenken zu zwingen. Wer nicht zahlt, muss damit rechnen, dass das Unglück über ihn hereinbricht. Jeder Nagel und jedes von ihm verursachte Loch ist Zeichen für eine Problemlösung. Je mehr Nägeleinschläge ein *nkisi* aufweist, desto mehr Effizienz zeichnet ihn aus. Traten hingegen weder Hilfe noch Schutz ein, so erwies sich die Figur als wertlos und wurde durch eine neue ersetzt.

Im mittelalterlichen Europa waren vergleichbare Praktiken verbreitet. Bei der hier betrachteten Goldschmiedearbeit in Form eines Armes handelt es sich um einen Behälter für christliche Reliquien. Das auf die Handfläche applizierte Attribut, die Miniatur einer Reiterlanze, gibt einen Hinweis auf den zu verehrenden Heiligen: Georg, der mit dieser Waffe den Drachen tötet. Gestiftet wurde dieses Kunstwerk von dem welfischen Herzog Albrecht im 14. Jahrhundert für den Domschatz von St. Blasius in Braunschweig. Materiell betrachtet besteht der Reliquienkult aus zwei Bestandteilen: aus organischer Stofflichkeit, wie einem menschlichen Knochenpartikel, und dem aus kostbaren Materialien gefertigten Gefäß, in dem die Körpersubstanz aufbewahrt wurde. Was aber macht dieses Armreliquiar zu einem magischen Objekt? Sobald man vor diesem Gegenstand andächtig betet, können Wünsche in Erfüllung gehen, sogar Wunder geschehen. Der christliche Reliquienkult verschaffte objektiv wertlosen Dingen, wie vor allem Knochenpartikeln, aber auch Haaren und Fingernägeln, eine ungeahnte Aura, konnten sie doch Mirakulöses bewirken. Materieller Träger der Präsenz des heiligen Georg war nach dessen Tod ein Fragment seines Gebeins, in dem seine *virtus*, seine Wirkmacht, gespeichert war. Dieses irdische Relikt, dieser Überrest oder *reliquia* stellt ein Medium dar, mit dem der nach seinem Tod im Himmel weilende Heilige auf Erden wirken konnte. Unerhörte Ereignisse, die man Heiligen zuschrieb, wurden gemeinsam mit den Lebensbeschreibungen in Heiligengeschichten aufgezeichnet, allen voran in der *Legenda aurea* (Goldene Legende).

Nicht zuletzt die mit mittelalterlichen Reliquien verknüpften Wundergeschichten machten aus einem unscheinbaren einen überaus begehrten Gegenstand, der nach einer prächtigen Hülle verlangte.

Im Abendland hat sich eine besondere Art des Reliquienbehälters herausgebildet, um die Reliquie, die normalerweise dem Blick entzogen bleibt, anschaulich zu machen – das Körperteil-Reliquiar. Dieser Behältertyp mag den Anschein eines unmittelbaren Bezugs zwischen seiner äußeren Gestalt und der darin eingeschlossenen Reliquie erwecken. Tatsächlich haben sich Büsten- beziehungsweise Kopfreliquiare erhalten, in denen oft Schädelteile aufbewahrt wurden. Auch gibt es ein Fußreliquiar im Trierer Domschatz, das eine Sandale des Apostels Andreas umschließt. Dies bedeutet aber nicht, dass in einem Armreliquiar zwingend ein Armknochen verborgen sein musste, vielmehr waren dort meist unterschiedlichste Heiltümer diverser Heiliger hinterlegt. Derartige Hüllen für menschliche Überreste bildeten bei herausgehobenen Kirchenfesten einen integralen Bestandteil ausgefeilter Liturgien. Bei einem Armreliquiar bot es sich geradezu an, dass der Geistliche es in seine Hände nahm, um in einem theatralisch gesteigerten segnenden Zeigegestus die Kraft, die dem Gegenstand innewohnt, auf die Gläubigen zu übertragen.

Die ästhetische Vermittlung der Reliquie durch formenreiche Reliquiare kam den sinnlichen Bedürfnissen der Gläubigen entgegen. Reliquiare wollen durch ihr Erscheinungsbild jeden Zweifel an der Echtheit ihres Inhalts im Keim ersticken. Ihr Prunk gleicht die Defizite aus, die Reliquien als visuell unscheinbaren und unattraktiven Objekten innewohnen. Darüber hinaus haben sie die Funktion, durch visuelle und materielle Strategien Alter und Herkunft der Reliquien zu beglaubigen. Zierleisten mit Edelsteinen umrahmen den Schaft des Armreliquiars aus dem Welfenschatz. Auf seiner Rückseite ist der heilige Georg mit dem heiligen Blasius eingraviert – alles suggestive Maßnahmen der Authentizitätssicherung. Sie spiegeln das bereits im Mittelalter erkennbare ausgeprägte Streben, Echtheit und Werthaltigkeit zu vermitteln.

Im christlichen Westen waren die Reliquien normalerweise unsichtbar in einem Behälter verschlossen. Jahrhundertelang hatte man die heiligen Knochen im Reliquiar – einem Grab vergleichbar – beigesetzt. Tatsächlich erscheint das Verbergen des Gebeins wie eine Parallele jenes alten, gerade von Christen gepflegten Brauchs, die Toten so in der Erde zu bestatten, dass sinnliche Akte des Sehens und Berührens der Knochen nicht möglich waren. Nur bei besonderen Gelegenheiten – bei Translationen oder bei der Umbettung von Reliquien in neue Gefäße – waren die entblößten Knochen kurzfristig zugänglich, aber auch dann meist nur einem ausgewählten Kreis zumeist hochrangiger Kleriker. Im hohen Mittelalter änderte sich diese dosierte Zeigepraxis bei Reliquien. An der Vorderseite des Armreliquiars aus dem Welfenschatz ist ein Gitter angebracht, hinter dem man ein rotes Seidengewebe erkennt, in das der heilige Überrest eingehüllt ist. Vorbild ist das Armreliquiar aus Halberstadt, das 150 Jahre früher, zu Beginn des 13. Jahrhunderts, mitten im Zeitalter der Kreuzzüge hergestellt wurde und das – mediengeschichtlich – Furore gemacht hat. An ihm ist mustergültig eine innovative Inszenierung zu beobachten: die Sichtbarkeit der Reliquie, das heißt des bloßen Knochens hinter Glas. Das Halberstädter Armreliquiar zeigt einen Teil eines Armes, genauer einen mumifizierten Finger, der von Nikolaus stammen soll, dem populären Heiligen aus Kleinasien. Nach urkundlicher Überlieferung gehörte die Reliquie dem Halberstädter Bischof Konrad von Krosigk, der bei der Plünderung Konstantinopels während des Vierten Kreuzzugs einen großen Schatz zusammengetragen hatte. Als er 1225 starb, wurde die Nikolausreliquie aus seinem Besitz dem Domkapitel zugesprochen. Die Schenkung war mit der Anweisung verbunden, die Reliquie »in cristallo« (hinter Kristall) aufzubewahren. Zu Beginn des 13. Jahrhunderts fasste auch im Westen die auf permanente visuelle Präsentation des nackten, entblößten Knochens ausgerichtete Praxis Fuß, wie sie im byzantinischen Christentum üblich war. Auch den Zeremonienmeistern im Braunschweiger Domkapitel war es aufgegeben, die Reliquie den Gläubigen tatsächlich zu zeigen. Mit der Einarbeitung einer großen rechteckigen Gitteröffnung in das Reliquiar wurde der damals um sich greifenden ästhetischen Praxis entsprochen, die Reliquie sichtbar in Szene zu setzen. Dass man hinter dem Gitter das Tuch sah und nicht die darin eingewickelte Reliquie, könnte darauf hinweisen, dass die radikale Sehpraxis aus Byzanz hier nur bedingt zur Entfaltung kommt.

Das Armreliquiar aus Braunschweig kann eine Brücke zur Kraftfigur aus dem Kongo schlagen. Bei beiden Objekttypen gibt es ein Wechselspiel zwischen Innen und Außen, zwischen artifiziellem Behälter und magischer beziehungsweise authentifizierender Substanz. Sowohl bei der Kraftfigur als auch beim Reliquiar ist der Inhalt von besonderer Bedeutung – im Christentum die Reliquie als leiblicher Überrest eines in den Himmel aufgestiegenen Märtyrers, in der afrikanischen Stammesreligion magische, durch rituelle Akte beschworene Substanzen, die eine unsichtbare Kraft steuern sollen. Die inneren Ingredienzien des Fetischs müssen immer wieder im Rahmen eines zeremoniellen Prozesses erneuert werden, die Kraftfigur ist folglich nicht von der kulturellen Praxis beziehungsweise der religiös-zeremoniellen Funktion zu trennen, als deren Agent sie auftritt. Die Macht der Figur speist sich aus einer Akkumulation unterschiedlichster Materialien, denen eine Wirkung zugesprochen wird. Bei ihr handelt es sich um eine Art *work in progress*, um spirituelle Interaktionen, die sich im Objekt stofflich verdichten müssen. Beim Reliquienkult ist dieser Gesichtspunkt nicht so ausgeprägt, obwohl die Einbettung in liturgische Abläufe nicht von der Hand zu weisen ist. Dennoch scheint bei der Reliquie das Heil im Objekt fixiert zu sein. Es fordert den gläubigen Betrachter auf, an dieser im Relikt ruhenden Kraft zu partizipieren, die in ihrer Wirksamkeit keiner Wiederaufladung bedarf. In der Reliquie bleibt die Kraft idealiter stetig vorhanden, wohingegen der Fetisch seine Funktion und damit auch seine Wirksamkeit einbüßen kann.

7 DENKEN & SPIEL

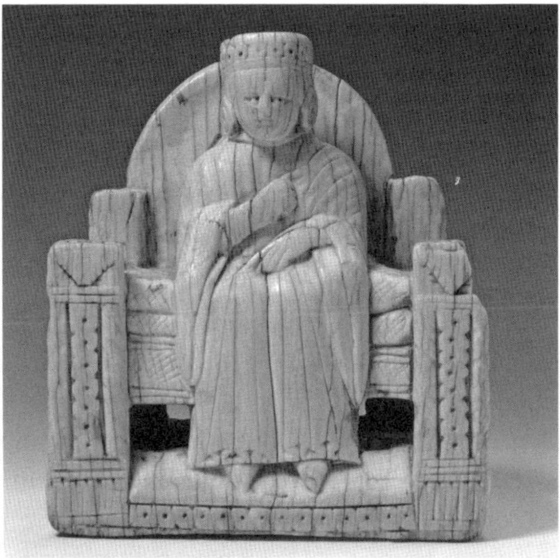

Königin eines Schachspiels, Elfenbein, Süditalien (Amalfi), 1100

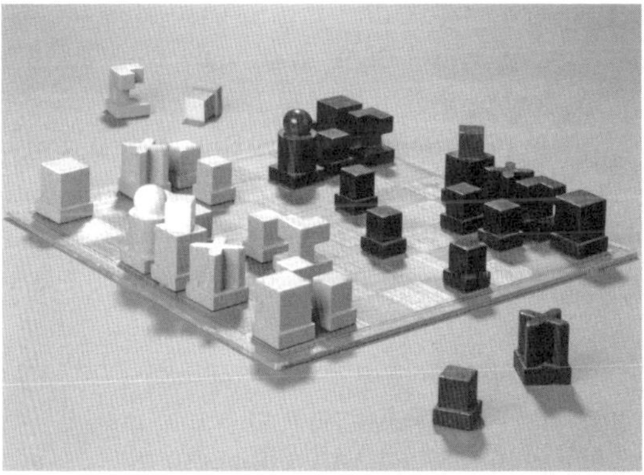

Josef Hartwig, Bauhaus-Schachspiel, 1923

Wohl mehr als neun Jahrhunderte trennen die Schachfigur aus der Skulpturensammlung im Berliner Bode-Museum vom Schachspiel im Kunstgewerbemuseum am Kulturforum. Sowohl die eine wie auch das andere können nicht anders, als Charakteristika ihrer Entstehungszeit zu zeigen. Während im hohen Mittelalter kostbares Material und konkrete Abbildlichkeit eine enge Symbiose eingingen, etablierten in der klassischen Moderne die umstürzlerischen künstlerischen Strömungen des Funktionalismus und der neuen Sachlichkeit eine neue schnörkellose Ästhetik. Wenn wir uns also ein Bild der europäischen Gesellschaft in verschiedenen Epochen machen wollen, dann könnten wir kaum etwas Besseres tun, als uns anzuschauen, wie Schach gespielt wurde. Mit diesen Exponaten befinden wir uns in der Spielsphäre, also in einem Bereich, in dem es nicht um die Sicherung des täglichen Überlebens geht. Zweifellos haben Menschen bereits gespielt, als sie weder über Sprache noch Kunst, geschweige denn über Schrift verfügten. Einiges spricht dafür, dass das Spielen älter ist als der *Homo sapiens* selbst, denn auch viele Tiere kann man beim Spielen beobachten. Ob bei Mensch oder Tier: Ein Großteil der kognitiven und motorischen Entwicklung wird durch Spielen in Gang gesetzt. Mindestens sein erstes Lebensjahrzehnt verbringt jeder Mensch überwiegend spielend. Aber auch für Erwachsene ist Spielen fester Bestandteil des Lebens. So fallen beispielsweise viele Freizeitbeschäftigungen und fast alle Sportarten darunter, die man entweder selbst ausübt oder bei denen man als Fan mitfiebert.

Johan Huizinga rückte das Spielen mit seinem Werk *Homo Ludens* (1938) kurz vor Beginn des Zweiten

Weltkriegs ins kulturwissenschaftliche Rampenlicht: »Spiel ist eine freiwillige Handlung oder Beschäftigung, die innerhalb gewisser festgesetzter Grenzen von Zeit und Raum nach freiwillig angenommenen, aber unbedingt bindenden Regeln verrichtet wird, ihr Ziel in sich selber hat und begleitet wird von einem Gefühl der Spannung und Freude und einem Bewusstsein des ›Andersseins‹ als das ›gewöhnliche Leben‹.«[17] Das Spiel, abgeleitet vom althochdeutschen »spil« für Tanzbewegung, ist demnach eine Handlung ohne bewussten Zweck, die zum Vergnügen, zur Entspannung, allein aus Freude an ihrer Ausübung vollzogen wird. Für den französischen Kulturwissenschaftler Roger Caillois ist Spielen eine menschliche Tätigkeit, die ihre Kraft aus vier Quellen schöpft, aus der Lust am Wettkampf (*agon*), am Zufall (*alea*), an der Maskierung (*mimikry*) sowie am Rausch (*ilinx*). Bei »agon« steht der spielende Mensch im Mittelpunkt, der sich einer Konkurrenz aussetzt, wie bei Fußball, Billard oder Schach; bei »alea« der Mensch, der das Glück herausfordert, wenn er beispielsweise Roulette oder Lotterie spielt; bei »mimikry« der Mensch, der in eine andere Rolle schlüpft, der auf der Bühne Nero, Hamlet oder eine Prinzessin darstellt; bei »ilinx« der Mensch, der sich schwindelerregenden Rotationsbewegungen aussetzt – beim Tanzen, Achterbahnfahren oder Flirten.

Schon diese Typologie verdeutlicht, dass Spiele nur dann interessant sind, wenn sie Spannung vermitteln, wenn sie aufregend sind. Selbst beim Schach ist das der Fall, obwohl es ein intellektuelles Spiel ist, ein Denksport. Aber auch Schachspieler müssen bereit sein, in eine andere Welt einzutauchen. Wie jedes andere Spiel ist das Schachspiel vom Bewusstsein einer zweiten Wirklichkeit getragen. In jedem

Spiel – nicht nur bei einem Theaterstück – wird eine »Als-ob-Situation« des Scheins erzeugt, eine mimetische Welt. Sobald der Spieler die Spielsituation in sich aufnimmt, sich mit ihr identifiziert, mit ihr eins wird, drängt sich der Eindruck auf, das Spiel sei wirklicher als die Wirklichkeit. Huizinga hat neben dem Fußballfeld auch das Schachbrett als magischen Ort beschrieben, in dem Raum und Zeit plötzlich eine andere Bedeutung bekommen, und zwar für diejenigen, die die Zeichen dieser Orte zu deuten verstehen: Wer Schach nicht kennt, für den ist ein Schachbrett nur ein Stück Holz mit einem hübschen Muster. Erst mit Kenntnis der Regeln können wir den magischen Kreis betreten, und auch dann genügt es nicht allein zu wissen, wie die Spielfiguren zu bewegen sind.

Die Vielfalt und Kompliziertheit des Schachspiels beruhen auf der Bewegung von sechs unterschiedlichen Figurentypen. Das Spiel wird dadurch äußerst variantenreich. Auch wenn Schach als Strategiespiel in keiner Weise vom Zufall abhängt, macht die enorm hohe Anzahl möglicher Züge den Ausgang jeder Partie unberechenbar. Bereits nach zwei Zügen können 72 084 verschiedene Kombinationen entstehen. »In zehn Mordfällen gibt es nicht so viele Geheimnisse wie in einer Partie Schach«,[18] so Arthur Conan Doyle, Schöpfer der Sherlock-Holmes-Kunstfigur. Das Spielbrett besteht aus 64 Feldern, 32 hellen und 32 dunklen. Zu Beginn einer Partie werden insgesamt 32 Spielsteine, 16 weiße und 16 identische schwarze, spiegelbildlich einander gegenüber angeordnet. Der Spieler mit den weißen Steinen beginnt. Ziel des Spiels ist es, den gegnerischen König matt zu setzen, das heißt ihn mit einer oder mehreren Figuren so in die Enge zu treiben, dass er der Bedrohung im anschließenden Zug nicht mehr ausweichen kann. Es gibt darüber hinaus fünf weitere Figuren, für die je unterschiedliche Zugregeln gelten: Bauer, Turm, Läufer, Springer und Dame. Die Namen der Spielfiguren und deren Bedeutung verweisen auf historische Kriegsstrategien. Im Grunde findet auf dem Spielbrett eine kulturelle Übersetzung von Schlachtfeldkonstellationen statt. Oberste Maxime der Spieler bleibt, auf Angriffe und Strategien des Gegners klug und taktisch zu reagieren.

Legenden zur Entstehung des Schachs, die vor allem in Indien beheimatet sind, erzählen von pädagogischen Ambitionen und dem Effekt der diesem Spiel innewohnenden Als-ob-Struktur. So ist von einem hochmütigen König die Rede, der aus Verachtung sein Volk in blutige Kriege schickte. Immun gegen jegliche Kritik an seinem brutalen Vorgehen, ließ sich der Herrscher erst von einem weisen Brahmanen erweichen, der das Schachspiel erfand, um dem verblendeten König anschaulich zu machen, dass er ohne seine sich opfernden Untertanen verloren sei. Die Schachmatt-Situation macht sofort evident, dass er sich nicht allein verteidigen kann. Der König verstand die Botschaft und wandelte sich zu einem weisen empathischen Herrscher. Eine andere Schachlegende kreist um Mutterliebe: Bei einem Thronstreit zweier Königssöhne in Indien kommt der Jüngere ums Leben. Um der Mutter den Tod schonend beizubringen, erfindet ein Weiser das Schachspiel. Am Beispiel einer Partie schildert er den Verlauf des Kampfes, das Schachmatt des Jüngeren und die Schuldlosigkeit des Älteren am Tod des Bruders. Der Nordwesten Indiens wurde um 500 n. Chr. von Kriegen heimgesucht, ausgelöst etwa von den Hunneneinfällen. Historiker vermuten, dass das Schachspiel eine philosophisch-spielerische Antwort auf die ewige Wiederkehr von Kriegen in dieser Region darstellt. Stets galt es, schreckenerregende

Kriegshandlungen in einen unblutigen Modus zu übertragen.

Das Schachspiel ist im frühen Mittelalter aus dem arabischen Raum nach Europa gelangt. Eigentlich nahm es in China und dann im Nordwesten Indiens seinen Anfang und breitete sich von dort in alle Himmelsrichtungen aus. Perser nannten das Spiel *shatranj*. In diesem Wort steckt das Wort »Shah« (König), *shatranj* ist also das »Königsspiel«. Der Ausdruck »schachmatt« leitet sich von »Shah mat« ab, was »Der König ist tot!« bedeutet. Nicht zuletzt Araber, die zwischen 632 und 651 das Sassanidenreich eroberten, nahmen die Impulse aus Persien und Indien auf und pflegten das Schachspiel. Das Spiel unterlag nach dem Urteil der islamischen Religionshüter nicht dem Spielverbot der fünften Sure im Koran (Vers 92ff.). Es wurde geduldet unter der Bedingung, dass nicht um Einsätze gespielt werde, das Spiel nicht die Gebete behinderte und die Spieler nicht fluchten. Die erste europäische Schrift über knifflige Schachzüge ist aus dem Arabischen ins Lateinische übersetzt worden. Auftraggeber des 1283 herausgegebenen *Libro de los juegos* (Buch der Spiele) war der spanische König Alfonso X., der an seinem Hof Gelehrte aus Europa, Afrika und Asien versammelte.

Aus dieser Kultursymbiose des hohen Mittelalters stammt die geschnitzte Elfenbeinfigur aus dem Berliner Bode-Museum. Sie stellt die Königin eines Schachspiels dar. Allein, dass es eine Königin gibt, markiert bei den Spielregeln eine interessante kulturelle Umformung. So wurde im Laufe der Jahrhunderte die Begleitfigur des Königs, der arabische *firzan* oder Wesir, zur Dame im heutigen Spiel – und stieg damit von einer eher schwachen Figur zur mächtigsten des Spiels auf.

Die hier betrachtete Königin wurde in Amalfi hergestellt, was darauf hindeutet, dass sie aus einer der »sarazenischen« Werkstätten stammt. Es kann als sicher gelten, dass die Araber das Schachspiel bei der Eroberung Persiens im 7. Jahrhundert kennenlernten, die dort in der Gesellschaft bereits fest verankerte Schachkultur weiter ausbildeten und als Mitbringsel auf ihren Eroberungszügen durch Nordafrika, Spanien und Süditalien im Gepäck hatten, von wo das Spiel dann in Westeuropa heimisch werden konnte. Arabisch hieß im Mittelalter »sarazenisch«, nach einem im Nordwesten der arabischen Halbinsel ansässigen Volksstamm. Viele der Elfenbeinobjekte, wie beispielsweise Olifante, sind von »sarazenischen« Künstlern in Süditalien für den europäischen Markt hergestellt worden. Das südliche Italien mit Sizilien befand sich zu jener Zeit genau an der Schnittstelle zwischen arabischem und christlichem Herrschaftsraum. In diesem *melting pot* trafen sich zahlreiche Kreuzfahrer, Pilger und Händler auf ihrem Weg von West nach Ost und Ost nach West, nicht zuletzt um Raritäten auszutauschen. Dazu gehörten auch Spielbretter mit ihren Figuren.

Der Kunsthistoriker Hans Holländer hat – angeregt durch die aus Elfenbein geschnitzten mittelalterlichen Schachfiguren aus dem Bode-Museum – auf Stilunterschiede zwischen arabisch und abendländisch beeinflussten Spielfiguren hingewiesen. Schon früh habe es auch abstrakte Figuren gegeben. Sie folgten bis ins 12. Jahrhundert dem arabischen Typus, der vor allem in Süditalien und im maurischen Spanien verbreitet war.

Die Gründe für den Impuls, Schachfiguren schematisch darzustellen, sind vielfältig und werden meist mit dem muslimischen Bilderverbot in Zusammenhang gebracht.[19] Der König war nicht mehr als ein kurzer dicker Zylinder, der zur Hälfte oben flach, zur anderen Hälfte niedriger abgeschnitten und in Kappenform abgerundet war. Der Wesir, die heutige Dame, war formal vollkommen identisch, nur ein wenig kleiner. Diese glatten stereometrischen Formen wurden von vielen Bewohnern des christlichen Abendlandes als unbefriedigend empfunden, so dass den Spielfiguren erneut eine bildhafte Figürlichkeit verpasst wurde.

Das Schachspiel im Bauhaus-Design mag also – so modern es sich in Szene setzt – arabische Traditionen aus dem Mittelalter aufgreifen. Insbesondere aber entfaltet es ein doppeltes Spiel: Es geht um das Spiel selbst, aber auch um ein Spiel mit geometrischen Formen, mit dem Ziel, die Dynamik dieses komplexen Brettspiels prägnant zu veranschaulichen. Wie die Bauhaus-Leuchte entwickelte sich das Bauhaus-Schach zu einer Ikone. Josef Hartwig, selbst aktiver Schachspieler und damals als Werkmeister in der Stein- und Holzbildhauerei am Staatlichen Bauhaus in Weimar tätig, entwarf es 1923, indem er die Schachfiguren auf wesentliche Komponenten reduzierte – auf Linie, Quadrat und Kreis.

1919 hatte Walter Gropius in Weimar das Bauhaus als staatliche Kunstschule ins Leben gerufen, die im Rahmen eines neuen kunstpädagogischen Konzepts Malerei, Architektur und Handwerk vereinen sollte. »Form follows function« – der Leitsatz der Bauhauskünstler wurde auch für Josef Hartwig maßgebend. Ab 1922 entwickelte er in mehreren Figurensätzen das sogenannte »Bauhaus-Schach«. Da aus der Imitation des Kampfes längst ein intellektuelles Spiel geworden war, sei die formale Gestaltung der Spielsteine zwingend geboten. Die Figuren sollten nicht mehr so aussehen, wie sie oft willkürlich benannt worden sind.

Bezeichnungen wie Läufer, Springer, Turm oder König seien irrelevant. Nur ihre Bewegung und ihr Wert, ausgedrückt durch Form, Größe und Volumen, sind von Bedeutung, so der Künstler.

Das von Hartwig 1924 modifizierte Design baut auf den drei Grundformen Dreieck, Kreis und Quadrat auf. Die Gestalt der Figuren veränderte Hartwig immer wieder, wenn auch die aus dem Quadrat des Spielfelds abgeleiteten Kubusformen von Bauer, Turm und König feststanden. Hartwigs abstrahierende Transformation der Schachfiguren zu puristischen Spielsteinen verwandelt die Figur des Königs in einen Quader, auf dem ein übereck angeordneter Würfel angebracht ist, weil sich der König diagonal und horizontal fortbewegen kann. Auch das Volumen der Figuren ist abhängig von deren Bedeutung. König und Dame sind am größten, die jeweils gleich großen Läufer und Springer sind nur halb so groß wie die Türme, die wiederum dreimal größer als die Bauern sind. Aus Kubus und Kugel kombinierte Hartwig die Dame. Der sphärische Kopf sollte die Beweglichkeit der Dame in alle Richtungen zum Ausdruck bringen. Man mag hier an die emblematische Gegenüberstellung von Kubus und Kugel in der frühen Neuzeit denken, an den Kontrast zwischen dem Soliden und dem Instabilen, der noch verstärkt und kommentiert wurde durch die zusätzliche Gegenüberstellung der Personifikationen *sapientia* und *fortuna*. Der Gott der Weisheit sitzt auf dem Kubus, die unstete Glücksgöttin auf der Kugel hält nur mühsam die Balance. Die Spielfigur der Dame aus Kubus und Kugel setzt einen Kontrast zu König, Turm und Bauer, »die nur aus dem Würfel, dem Symbol des Massigen und Schweren«,[20] gebildet sind. Sie ist die Seele des Spiels, ebenso risikofreudig wie machtvoll. Ganz anders ist die Elfenbein-Königin aus Amalfi gestaltet: Wir sehen eine weibliche Figur, die sich majestätisch auf einem Thron niedergelassen hat. Der reich ornamentierte Thron kontrastiert mit dem schmucklosen Gewand der Königin. Bei dieser Elfenbeinfigur ließ es der Künstler an kaum einem Detail fehlen, wie zum Beispiel den großen Kissen, mit denen der Sitz gepolstert ist.

Die figurativen Designs der meisten Schachfiguren repräsentieren verschiedene Kriegsteilnehmer und greifen oftmals nationale Eigentümlichkeiten auf – so ist beispielsweise der »Läufer« in England ein »Bischof«, in Frankreich ein »Narr«, ein »Bogenschütze« in Tschechien, ein »Bannerträger« in Italien und ein »Elefant« im russischen und arabischen Sprachraum. Im Gegensatz dazu sollen Hartwigs abstrakte Figuren die Essenz des Spiels verkörpern. Für Hartwig unterstützen die 32 Schachspielfiguren visuell die Kernbotschaft des Schachs, im gegenseitigen Gedankenaustausch seine geistige Fähigkeiten zu schärfen. Seine Maxime war, das »abstrakte Verstandesspiel« in adäquate materielle Formen zu bringen. Von einer »Entmilitarisierung der Schachfiguren« sprach das Leipziger Tagblatt in einem Artikel am 21. September 1924. Hartwigs grundlegender Bruch mit den traditionellen Schachfiguren sowie der schlichte Purismus des rein funktionalistischen Entwurfs machten Furore. Schnell avancierte sein Schachspiel zu einem der erfolgreichsten Produkte des Bauhauses. Das einfache Gebrauchsspiel kostete weniger als zehn Goldmark, während – wie bei unserem Exemplar – die stärker beworbenen Luxusvarianten, handgefertigt aus teuren Hölzern wie Nussbaum oder Mahagoni, in niedrigeren Auflagen für bis zu 155 Goldmark angeboten wurden.

8 HANDEL & WANDEL

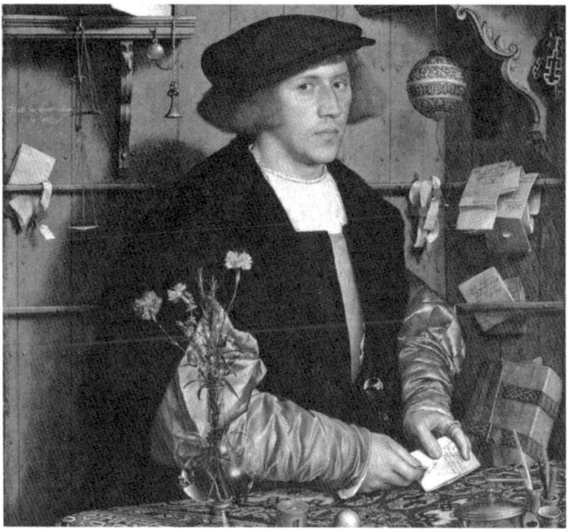

Hans Holbein d. J., Der Kaufmann Georg Gisze, Öl auf Eichenholz, 1532

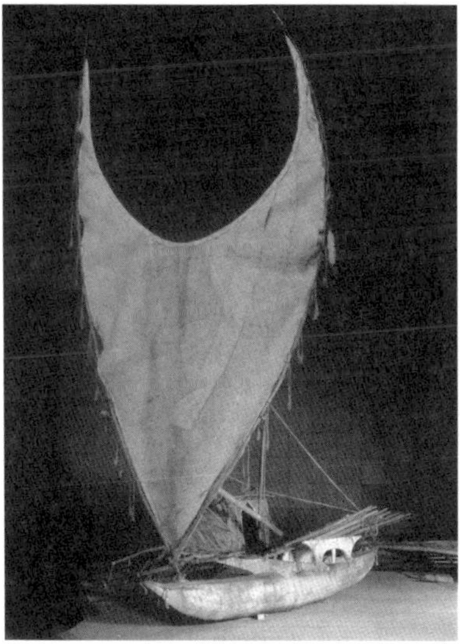

Segelboot mit Ausleger, Inselgruppe Santa Cruz, 1964/65

Objekte, die getauscht werden, mit denen gehandelt wird, sind Dinge in Bewegung. In diesem dynamischen Kräftefeld treten nun ein berühmtes Renaissancegemälde sowie ein hochseetaugliches Segelboot aus Ozeanien in einen Dialog. Praktiken des Gebens und Nehmens sind in der Kulturgeschichte keine marginale Erscheinung, in ihnen verbirgt sich die Bedingung menschlicher Interaktion und friedlicher Koexistenz überhaupt. Sie verbinden den Gebenden mit dem Empfänger, stellen Hierarchien und Verpflichtungen her, verleihen komplexen sozialen Gebilden eine verlässliche Struktur. Die Gabe ist in den Worten des französischen Soziologen Marcel Mauss eine »totale soziale Tatsache«, welche die Gesellschaft und ihre Institutionen in Gang hält. Wie der Ethnologe Marshall Sahlins ausgeführt hat, muss man keinen Staat gründen und dem Hobbes'schen Leviathan zuliebe auf eigene Rechte und Freiheiten verzichten, wie auf das Recht, Krieg gegen andere Menschengruppen zu führen, um einen friedlichen Zustand zu etablieren. Meist reicht es aus, den Mechanismus von Geben und Nehmen zur Entfaltung kommen zu lassen. Wenn sich zwei Menschengruppen erstmals begegnen, stehen sie vor der Wahl, entweder Gewalt anzuwenden oder Güter auszutauschen. Jede nicht erwiderte Gabe, ob im sozialen Kontext des zwischenmenschlichen Handelns oder in Tauschbeziehungen mit Ahnen oder Göttern, erweist sich unweigerlich als »Gift«, das eine friedliche Koexistenz massiv in Frage stellt.[21]

Tauschvorgängen fehlt die demonstrative Geste der Freigebigkeit, wie sie beim Schenken üblich ist. Man gibt ein Objekt von sich, um sogleich den Gegenwert in Empfang zu nehmen. Beide Seiten haben ein großes Interesse an dem Objekt, das sie eintauschen wollen. Durch den Tausch werden beide Parteien subjektiv bessergestellt: Jeder bekommt, was er gewollt hat, und niemandem wird etwas gegen seinen Willen genommen. Insofern ist der Tausch ein Verfahren, das die Verteilung von Gütern und Dienstleistungen optimiert. Zur Zeit der Naturaltauschwirtschaft wurden die Güter unmittelbar – Ware gegen Ware – eingetauscht. Der Naturaltausch war jedoch für die Tauschpartner oft umständlich. Ein Tausch war nicht möglich, sobald man keinen passenden Partner fand oder die benötigten Güter nicht beschaffen konnte. Die Verwendung von Gebrauchs- und Schmuckgegenständen (zum Beispiel Spieße, Trommeln, Ringe, Muscheln, Perlen, Federn), aber auch von Lebensmitteln, Bekleidung und Vieh als Zwischentauschmittel war ein entscheidender Schritt auf dem Weg zur Entstehung des Geldes, dessen Funktion darin besteht, Dinge zirkulieren zu lassen. Geld heißt im Englischen auch »currency« (Währung, von lat. »currere« für »fließen« und »laufen«). Mit der Einführung des Geldes waren gegenüber dem direkten Warentausch mehrere Vorteile verknüpft: Es ist in der Regel leicht zu transportieren, zu teilen und aufzubewahren, und der Wert der Tauschgegenstände war nun allgemein bekannt und anerkannt.

Die Welt der Ökonomie und des Handels verdichtet sich emblematisch und dinghaft auf Hans Holbeins Gemälde *Der Kaufmann Georg Gisze* sowie in einem Transportboot von einem Südsee-Archipel. Beide Artefakte sind prädestiniert, den Austausch von Objekten – besonders auf dem Wasserweg – zu thematisieren. Das Gemälde gibt Einblicke in eine Welt des Warenaustauschs, der von Flandern bis Russland reichte und in dem Geld eine bedeutende Rolle spielte. Dank der Vermittlungstätigkeit der Hanse kursierten vom 13. bis zum 16. Jahrhundert Waren in einer beeindruckenden Vielfalt. Der Städtebund sorgte dafür, dass der Westen seinen Rohstoff- und Nahrungsmittelbedarf aus dem Osten decken konnte – Pelze, Wachs, Getreide, Fisch, Flachs, Hanf, Holz und Holzbauprodukte wie Pech, Teer und Pottasche. Den Osten belieferten Hansekaufleute hingegen mit Gewürzen und gewerblichen Fertigprodukten, wie Tuche, Metallwaren, hier insbesondere Waffen – unterm Strich eine *win-win*-Situation ohnegleichen. Das Segelboot mit Ausleger und Krebsscherensegel von der pazifischen Santa-Cruz-Inselgruppe war unerlässlich für den Austausch zwischen Inseln, die oft Hunderte Kilometer voneinander entfernt lagen. Die Inseln um Santa Cruz stellten Knotenpunkte in einem dichten Geflecht von Handels-, Tausch-, Tribut- und Heiratsbeziehungen dar. Sie verkörperten Oasen, und das Meer bildete die Straßen, auf denen man sich mit angepasster Technologie geschickt fortbewegen konnte. Über die Jahrhunderte hatten sich Handelsbeziehungen zur Verteilung von Ressourcen herausgebildet, die auf der jeweiligen Insel nicht oder nur begrenzt zur Verfügung standen.

Hans Holbein der Jüngere hat mit diesem Gemälde wohl das bedeutendste Kaufmannsporträt in der bildenden Kunst geschaffen. Es ist sehr beliebt, vielleicht weil wir hier einer Antizipation des kapitalistischen Zeitalters gegenüberzustehen meinen. Das Bildnis zeigt einen vermögenden Kaufmann. Die Identifizierung dieses Mannes ist durch eine lateinische Inschrift am oberen Bildrand gesichert, die übersetzt lautet: »Was du hier siehst, zeigt auf das Bildnis Georgs Züge und Bild; so lebendig ist sein Auge, so seine Wangen geformt. In seinem vierunddreißigsten Jahr des Herrn 1532.« Diesen Kaufmann hat es also wirklich gegeben: Georg Gisze stammte aus Danzig und war ab 1522 im Londoner Hansekontor, dem sogenannten Stalhof, für die Kölner Hanseniederlassung tätig. Der Maler porträtierte Gisze in aufwendiger Kleidung, umgeben von »sprechenden« Gegenständen in seinem Kontor. Die Darstellung verschiedener Stofflichkeiten – Glas, Pflanzen, Kleidung, Teppich – gelingt dem Maler so präzise, dass man von Augentäuschung sprechen kann.

Die im Stalhof residierenden Kaufleute waren stadtbekannt für ihr ebenso selbstsicheres wie repräsentatives Auftreten, für das sie keine Kosten scheuten. Die hansische Städtegemeinschaft beklagte daher schon seit dem 15. Jahrhundert in regelmäßigen Abständen das wenig bescheidene Gebaren der Stalhofbewohner, die sich wie Könige kleideten, in kostbares Silber- und Goldgeschirr sowie Kunstgegenstände aus Edelmetallen investierten und sich bei Feierlichkeiten an spektakulären Inszenierungen delektierten. Obwohl der gute Ruf des Kontors auf dem Spiel stand und der Erfolg der Kaufleute von der englischen Konkurrenz schon lange argwöhnisch beäugt wurde, waren diese nicht willens, ihren Lebensstandard einzuschränken. Im Gegenteil: Mit Holbeins Kunstwerk sollte die hansische Selbstdarstellung ihren Höhepunkt erreichen.

Ein Kaufmann ist eine Person, die einem Geschäft nachgeht, eine Ware einkauft und weiter zum Kauf anbietet, um bei dieser Transaktion finanziellen Gewinn zu erzielen. Wer sich für die materielle Kultur eines Kaufmanns interessiert, kommt bei diesem Gemälde vollends auf seine Kosten. Utensilien wie Brief, Rechnungsbuch, Waage, Siegel und anderes lassen sogleich den Kaufmann erkennen. Gisze ist förmlich eingekreist und bedrängt von Gegenständen, die seine Tätigkeit und seine Persönlichkeit beschreiben. Würde sich der Protagonist auch nur leicht bewegen, so würde er manchen Gegenstand touchieren oder umwerfen, so eingezwängt ist er zwischen Tisch und Rückwand seines Kontors. Die kunstvolle Enge will einladen, sich am Überfluss der Gegenstände zu erfreuen. Die materielle Vielfalt auf Holbeins Gemälde beschreibt den Porträtierten in seinem Beruf und seinem Charakter, zugleich soll sie die Meisterschaft des Künstlers zum Ausdruck bringen. Alle Gegenstände sind so perfekt wiedergegeben, dass man sie greifen möchte. Gisze kann es sich leisten, eine Vase aus venezianischem Glas aufzustellen. Auf dem »Arbeitstisch« breitet sich ein wertvoller Teppich aus. Herkunftsorte wie Anatolien oder Venedig zeigen, dass Gisze im Fernhandel engagiert ist. Auch das Gemälde selbst war sicher sehr teuer, denn die vielen gemalten Gegenstände erforderten Meisterschaft und kostbare Zeit. Holbeins Bild scheint ein Plädoyer dafür zu sein, Kaufleute nicht durch die Brille der Sozialkritik zu betrachten, sondern in ihnen stolze, arrivierte Bürger zu sehen.

Holbeins Werk zeigt die älteste Darstellung einer am Körper tragbaren Taschenuhr, einer Dosenuhr. Während die Kirche noch im 14. und 15. Jahrhundert die Unbeständigkeit und Vergänglichkeit des menschlichen Lebens betonte, hatten Kaufleute ein ganz anderes Verhältnis zur Zeit. Im Bewusstsein, dass jeder Moment des Lebens materiell wertvoll sein kann, wurde der Zeittakt zum Bestandteil des beruflichen Selbstverständnisses. Dies fiel bereits dem aus einer bedeutenden Kaufmannsfamilie stammenden Humanisten Leon Battista Alberti auf. Dass das gesamte

Handeln des bürgerlichen Kaufmanns ein ständiges Planen ist, spiegelt sich auch in den Schriftstücken. Zu Geschäftsvorgängen und Abrechnungen gehörte, dass auf ihnen das Datum vermerkt war. Der erhoffte Gewinn ist abhängig von der investierten Zeit.

Das kaufmännische Milieu, das auf diesem Gemälde dargestellt ist, wird auch in der Sammlungs- und Erwerbungsgeschichte des Werkes selbst manifest. Der aus London stammende Kunstsammler Edward Solly, der das Gemälde im 19. Jahrhundert an Preußen verkaufen sollte, war als erfolgreicher Kaufmann tätig, fast so wie Georg Gisze – nur 250 Jahre später. Zusammen mit seinen Brüdern betrieb er ein Handelshaus, das sich dem lukrativen Holz- und Getreidehandel zwischen England und dem Baltikum verschrieben hatte. Als Vertreter der väterlichen Firma verbrachte Solly die Zeit der napoleonischen Umbrüche in Berlin. Besonders gut lief das Geschäft während der Kontinentalsperre, die der Firma riesige Gewinne einbrachte, die Solly sogleich in Kunst investierte.

Auf dem Gemälde ist an der Wand unmittelbar neben der Waage der Wahlspruch Giszes befestigt: »Keine Freude ohne Kummer« – ein Motto, das auf das allgegenwärtige Geschäftsrisiko hinweist. Ein Kaufmann setzte beim Verlust seiner Waren oder bei Fehlkäufen schnell seine gesamte Existenz aufs Spiel. Sein Leben war von Unwägbarkeiten bestimmt. Allein die Gefahren, die dem Fernhandel durch schlechte, ungesicherte Wege und Unwetter drohten, durfte man nicht unterschätzen. Erst die Idee der Versicherung, die sich seit der Renaissance allmählich institutionalisierte, machte die Risiken kalkulierbar und damit erträglich.

So manche Warenladung, die das hier betrachtete dreidimensionale Segelboot mit sich führte, wird Opfer von Taifunen und Tsunamis geworden sein. Unter regulären Bedingungen brachte das schnittige Fahrzeug Menschen in einem Südsee-Archipel zusammen und gewährleistete die Dynamik der Tauschzyklen. Das Boot ist nur gut fünfzig Jahre alt. Gebaut wurde es 1964/65 auf der Insel Taumako, um dann für vier Rollen Federgeld von Bewohnern der Riff-Insel Nifiloli erworben zu werden – beide Inseln gehören zum Santa-Cruz-Archipel. Diese heute nicht mehr gebauten hochseetüchtigen Segelboote sind Musterbeispiele ozeanischer Bootsbaukunst. Der Rumpf ist strömungstechnisch gut geformt, das Schwimmer-System des Auslegergeschirrs ist zur Gleitfunktion fortentwickelt, und die Form des Segels hat einen Wirkungsgrad, wie ihn ein europäischer Ingenieur nicht besser konzipieren könnte. Bei den Pazifikbewohnern gelten diese Boote bis heute als Symbol ihrer Identität und Tradition. Dieses typische, traditionelle Segelboot soll das letzte seetüchtige Fahrzeug seiner Art im Archipel gewesen sein. So jedenfalls berichtet es der Rettungs-Ethnologe Gerd Koch, dank dessen systematischer Sammeltätigkeit für das Ethnologische Museum auch dieses Boot 1967 nach Berlin gelangte: »Dieses mag als Beispiel dafür dienen, daß das systematische Sammeln von Kulturgut gerade auch als ein Retten und Bewahren von traditionellem Besitztum jener Völker zu verstehen ist, die noch kein Verständnis für ihre eigene Kulturgeschichte haben und deren vergängliche Werke ohne die Existenz und Aktivität der Völkerkunde-Museen in unserer sich schnell wandelnden Welt ganz verschwinden würden.«[22]

Am 7. September 1595 hatte Alvaro de Mendaña auf seiner zweiten Südsee-Expedition in den Gewässern des westlichen Pazifiks eine größere Insel entdeckt, die er Santa Cruz taufte. Dieser Name bezog sich von nun an auch auf die Gruppe der nördlich, nordöstlich und südöstlich von ihr liegenden Eilande. Die Santa-Cruz-Inseln sind über ein Meeresgebiet von fast 40 000 Quadratkilometern verstreut, etwa 400 Kilometer südöstlich von der Hauptgruppe der Salomon-Inseln gelegen. Diese Handvoll Inseln verstanden sich schon früh als zusammengehöriger Wirtschaftsraum. Lange bevor die Europäer im 16. Jahrhundert ihre Entdeckungsfahrten in Ozeanien begannen, waren die Vorfahren der heutigen Bewohner von Santa Cruz in die Weiten der Südsee vorgestoßen. Viele der melanesischen Inseln hat man bereits vor Jahrtausenden mit innovativen Booten und dank entwickelter Navigationskenntnisse besiedeln können, einer der erstaunlichsten Fakten der frühen Menschheitsgeschichte. Häufig mussten dafür Hunderte Kilometer offener See überwunden werden. Als im 16. und 17. Jahrhundert die Europäer den Nord- und Südpazifik erreichten, waren sie fasziniert von den kleinen, wendigen Booten, die weit besser als ihre eigenen schwerfälligen Schiffe die Winde kreuzten und aus ihnen Kraft schöpften.

Der Bootskörper unseres Exponats besteht aus einem einbaumförmigen Kielstuck und mehreren aufgesetzten Planken, die mit Kokosfaserschnüren verbunden sind. Kein Metallnagel hält die Einzelteile zusammen. Für die hochentwickelte Seefahrt in Ozeanien war das dreieckige Segel von entscheidender Bedeutung, eine Längsschiffbesegelung, bei der sich die größte Fläche des Segels, das mit einer Spitze nach unten ragt, in der oberen Region befindet, dort, wo der Wind stärker weht. Für eine ruhige Lage auf dem Wasser sorgt ein Ausleger. Eine Besatzung von vier bis sechs Männern manövrierte ein solches Boot. Die Hütte auf Deck diente zum Verstauen empfindlicher Fracht und zur Lagerung von Proviant. Etwa ein Jahr dauerte es, dieses vierzehn Meter lange Segelboot zu bauen. Derartige Fahrzeuge wurden vor allem auf Taumako konstruiert, wo sich viele Männer auf Produktion und Export der Boote verstanden. Betrieben wurde die Seefahrt im Archipel im Wesentlichen von der polynesisch sprechenden Bevölkerung der westlichen Riff-Inseln – bis britische Kolonialboote die Situation grundlegend veränderten.

Wie schon erwähnt, wurde das hier betrachtete Boot von Bewohnern der Riff-Insel Nifiloli für vier Rollen Federgeld erworben. Damit waren Werteinheiten aus Vogelfedern gemeint. Federgeld repräsentiert eine veritable Währung. Die Rolle bestand aus einem neun Meter langen Band aus Pflanzenfasern, das mit roten Federchen des Kardinalhonigfressers (*Myzomela cardinalis*) bedeckt war. Man tauschte wertvolle Güter nicht direkt, sondern man verkaufte sie für Federgeld, das übrigens nie als Schmuck diente. Vor allem Boote, Prachtschweine und Seeschildkröten – aber auch Frauen – waren der Gegenwert. Zwischen den verschiedenen Inseln des Archipels entstand ein Handelsnetz, das mit Federgeld zusammengehalten wurde. Heute wird Federgeld kaum noch benutzt. Spätestens seit dem Zweiten Weltkrieg zahlt man auf dem Santa-Cruz-Archipel mit westlichen Münzen und Geldscheinen. Der letzte Mann, der noch Federgeldrollen anfertigen konnte, starb in den 1980er Jahren.

Ressourcen und Bevölkerung auf den einzelnen Inseln ergänzten sich. Die kleinen Riffinseln waren aufgrund ihres unfruchtbaren Sandbodens nicht für Ackerbau geeignet, aber sie beherbergten eine große Bevölkerung, die vor allem von Fischerei und

Schweinezucht lebte. Die Insel Ndende jedoch war dünner besiedelt, aber groß und verfügte über fruchtbare Böden. Die dortigen melanesischen Bewohner hatten keine Handelsreisen nötig. Sie waren gut versorgt und konnten zusätzliche Annehmlichkeiten von etwaigen Besuchern erwarten. Zudem hatten sie keine große Neigung zur Seefahrt. Die »Polynesier« der Riff-Eilande indessen waren Fischer und Seefahrer *par excellence*. Mit einem guten Teil des Federgeldes, das sie von Ndende beim »Export« heiratsfähiger Mädchen wie auch durch den Handel mit Schweinen und Seeschildkröten erworben hatten, konnten sie auf Taumako hochseetüchtige Segelboote in Auftrag geben, die sie infolge Holzmangels auf ihren Inseln nicht zu bauen vermochten. Ausgerüstet mit diesen Booten von Taumako fuhren die Männer jener Riff-Inseln mit einer ähnlichen Einstellung wie die hanseatischen Kaufleute von Insel zu Insel, um Waren auszutauschen und größtmöglichen Profit zu erzielen.

9 ARGUMENT & ERZÄHLUNG

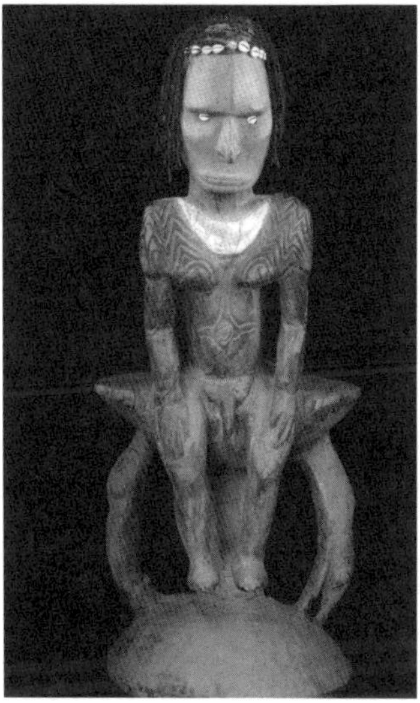

Rednerpult, Mittel-Sepik, vermutlich Sammlung Sepik-Expedition 1912/13

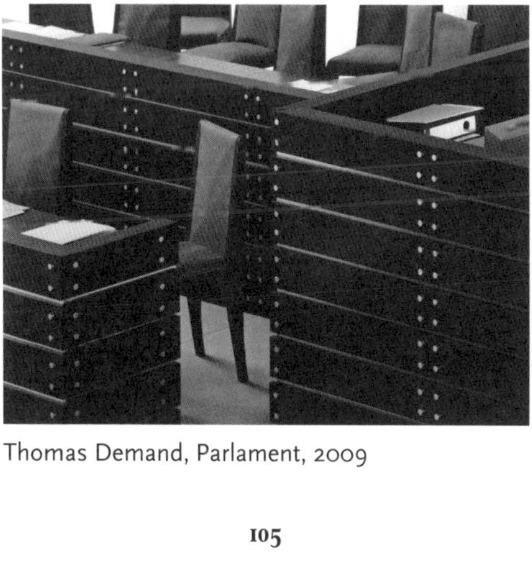

Thomas Demand, Parlament, 2009

Objekte können Politik reflektieren, dokumentieren und beeinflussen. Aus politischen, kulturellen und gesellschaftlichen Ideen erzeugen sie kollektive Visionen beziehungsweise neue Realitäten. In diesem Kapitel duellieren sich Objekte, die Streitgespräche über Ursprungsmythen veranschaulichen – unter Klanmitgliedern in Neuguinea und unter Parlamentariern der Bonner Bundesrepublik. In einer politischen Situation befindet man sich bereits, wenn man ein Anliegen zur Diskussion stellt. Entscheidungsprozesse, die ein gedeihliches Zusammenleben der Menschen gewährleisten, machen Politik aus. Ursprünglich bezog sich Politik auf eine überschaubare Raumeinheit, auf die Polis im alten Griechenland. Entsprechend ist »politiká« wörtlich zu übersetzen mit »Angelegenheiten, die die Stadt betreffen«. Für Gebildete des Abendlandes scheint »Politik« erst im Alten Griechenland zu beginnen. Tatsächlich ist dort wohl erstmals über Politik theoretisch und systematisch nachgedacht worden, man hat sich Leitfragen wie »Was ist eine gute und gerechte Herrschaft?« gestellt. Je nachdem, wie viele sich an der Macht beteiligten – ob nur einer, wenige oder alle –, kann man in aristotelischer Manier eine gute gemeinnützige Ordnung von einer schlechten eigennützigen abgrenzen: auf der positiven Seite Monarchie, Aristokratie und Politie, auf der Kehrseite Tyrannis, Oligarchie und – tatsächlich! – Demokratie. Nicht nur Aristoteles, auch Platon hatte keine hohe Meinung von der Demokratie. Der Wissensfundus der Antike diente in den vergangenen Jahrhunderten als Legitimation für zahlreiche Herrschaftsformen im alten Europa. Während sich von Frankreich aus der Urtyp des absolutistischen Souveräns ausbreitete, entwickelte sich auf den britischen Inseln die an Recht und Gesetz gebundene Monarchie, die schon frühzeitig wohlhabende Bürger substantiell an der Politik beteiligte. Mit Thomas Jeffersons Menschenrechtserklärung und der US-amerikanischen Verfassung wurde das Zeitalter der modernen Verfassungsstaaten eingeleitet. Durch Französische Revolution und napoleonische Feldzüge breitete sich das neue politische Gedankengut in ganz Europa aus. Allmählich fielen überall ständische Schranken. Politik wurde zu einer Angelegenheit des ganzen Volkes. Es entstanden Parteien, die zuerst von außen eine Opposition organisierten, um später selbst die Regierung zu stellen.

Was in diesem abendländischen Plot der Politikentstehung und Politikentwicklung meist kaum zur Sprache kommt, ist die anthropologische Dimension von politischen Verfahren und Praktiken, die gerade in schriftlosen außereuropäischen Kulturen charakteristische Formen ausgeprägt haben. Bis weit ins 20. Jahrhundert hinein gab es Regionen, in denen Gesellschaften Interessenkonflikte regelten, ohne einer staatlich-zentralen Kontrolle unterworfen zu sein. Folgen wir dem immer noch anregenden Schema des Anthropologen Elman Roger Service, kann bei Kollektiven je nach Bevölkerungsgröße, politischem Zentralisierungsgrad und sozialer Schichtung zwischen Horde, Stamm, Häuptlingstum und Staat unterschieden werden. Die Horde besteht meist aus nomadisierenden Jägern und Sammlern, die aus wenigen Großfamilien bestehen. Alle Hordenmitglieder kennen einander, Gruppenentscheidungen lassen sich in persönlichen Gesprächen treffen. Da der Zugang zu natürlichen Ressourcen wie Wasser, Land oder Nahrung für alle Mitglieder der Gruppe gewährleistet ist, besteht kein Bedarf, sich dauerhaft einer Autorität zu unterwerfen. Zu einem Stamm gehören mehrere hundert Individuen. Gegliedert ist eine Stammesgesellschaft häufig nach Verwandtschaftsgruppen oder Klans, die durch eine Ideologie zusammengefasst werden, das heißt durch die Postulierung einer gemeinsamen Abstammung. In manchen Stämmen hat ein *big man* das Sagen, aber seine Funktion stützt sich nicht auf eine Institution, sondern ausschließlich auf Persönlichkeit und Überzeugungskraft. Ein Häuptlingstum vermag Tausende beziehungsweise Zehntausende zu integrieren. Es muss fähig sein, Nahrungsüberschüsse zu erzeugen und aufzubewahren; nur so können bestimmte Gruppen, die selbst keine Nahrungsmittel produzieren, darunter auch die Häuptlinge sowie ihre Verwandten und Bürokraten, ernährt werden. Bei einer Gesellschaft von mehreren tausend Menschen wird es unmöglich, mit allen vertraut oder bekannt zu sein. Begegnen sich Fremde, die einen gemeinsamen Häuptling haben, so müssen sie sich mit Hilfe bestimmter Symbole als Angehörige derselben Herrschaft erkennen können. Das kann auch dadurch geschehen, dass man sich im Gespräch einer gemeinsamen mythischen Vergangenheit versichert.[23]

Das aus Holz modellierte Objekt aus Papua-Neuguinea, das wie ein Möbelstück aussieht, verkörpert einen wichtigen Vorfahren. In seiner Anwesenheit wird über die Interpretation von Mythen unter verschiedenen Verwandtschaftsgruppen diskutiert. Unser Exemplar ist aus Holz geschnitzt und bemalt, hinter einer männlichen Figur breitet sich eine Art Sitzfläche aus; die Figur könnte als Rückenlehne fungieren, wenn es sich bei diesem Objekt tatsächlich um einen Stuhl handeln würde. Das ist aber nicht der Fall. Bei den Iatmul, einer ethnischen Bevölkerungsgruppe auf Papua-Neuguinea, diente der sogenannte Figurenstuhl vielmehr der Untermauerung des eigenen Diskussionsbeitrags während eines Streitgesprächs: Derjenige Redner, der an der Reihe ist, geht in die Mitte des Kulthauses, nimmt ein Bündel von Kokospalmblättern in die Hand und legt oder schlägt im Laufe seines Auftritts immer wieder ein Blatt auf den Stuhl, um seine Argumente zu unterstreichen. Nach Beendigung des Vortrags bleibt ein Blätterbündel auf dem Stuhl zurück, bis es vom nächsten Teilnehmer wieder aufgenommen wird.

Solche Rednerpulte sind ausschließlich am mittleren Sepik verbreitet gewesen. Der Fluss Sepik windet sich über fast 1200 Kilometer durch Sümpfe und tropischen Regenwald, bevor er im Norden von Papua-Neuguinea in den Pazifik mündet. Dieser Fluss stellt eine Lebensader für die dort siedelnden Menschen dar. Entlang der Ufer und der unzähligen Seitenarme hat sich über Jahrtausende eine enorme Vielfalt an Kulturen und Sprachen entwickelt. Entdecker und Reisende hatten den Sepik lange übersehen. Zwar waren im 16. Jahrhundert die ersten Europäer auf der Insel Neuguinea gelandet, doch die Flussmündung des Sepik wurde erst 1886 von Forschern entdeckt, als man hier eine Kolonie des Deutschen Reiches errichtete. Die ans Tageslicht geförderten Artefakte aus dem Sepik stachen sogleich ins Auge, vor allem weil sich in ihnen Formen, Materialien und Wesenheiten mischten, die in Europa strikt getrennt waren. Ungewöhnliche Skulpturen in Tier- und Menschengestalt kamen zum Vorschein und faszinierten Künstler wie Emil Nolde, Max Pechstein und die Surrealisten.

Am Sepik siedelten Stämme, die durch Verwandtschaft organisiert waren. Der sogenannte *big man* berief Versammlungen ein und überwachte ihren friedlichen Verlauf, so dass alle Angehörigen der Gesellschaft ihre Auffassungen vorbringen konnten. Dieses Verfahren garantierte die Einigkeit der Gruppe und damit ihren Fortbestand. Für seine Rolle hatte sich der *big man* qualifiziert, weil er entweder besonders energisch, leistungsfähig oder tapfer war oder gut reden und andere mit sich reißen konnte. Hatte ein Mann die entsprechenden Eigenschaften erst einmal unter Beweis gestellt, wandten sich immer mehr Mitglieder seiner Dorfgemeinschaft an ihn und baten ihn um Unterstützung, etwa wenn sie zeremonielle Tauschgegenstände, Schweine oder Nahrungsgaben benötigten, um beispielsweise eine Heirat zu arrangieren. Die Macht, die der *big man* innehatte, war allerdings fragil. Sie verflüchtigte sich oder wurde verlagert, sobald ein Konkurrent auftauchte, der leistungsfähiger erschien, über mehr Charisma verfügte. Ein Gewaltmonopol, mit dessen Hilfe er seine Entscheidungen gewaltsam hätte durchsetzen können, besaß der »große Mann« nicht.

Im sozialen Leben am Sepik unterschied man strikt zwischen männlicher und weiblicher Sphäre. Die von Frauen dominierten Bereiche mit den Wohnhäusern und Gärten sind öffentlich und für alle Familienmitglieder, Freunde und Gäste zugänglich. Die Frauen widmeten sich dort dem Hauswesen und der Kindererziehung. Männer fällten derweil in Versammlungs- und Kulthäusern, die nur ihnen zugänglich waren, gemeinsam Entscheidungen, planten Jagd- und Kriegszüge sowie kultische Rituale. Zu diesem Zweck wurden imposante Gebäude errichtet, die nur von initiierten Männern betreten werden durften. Sie überragten eindrucksvoll die Wohnhäuser und zeichneten sich durch ihre Satteldächer sowie durch zwei hohe, spitz zulaufende Giebelfronten aus. Darin bewahrte man die Gegenstände für die geheimen Rituale der Männer und die Initiation der Knaben auf, darunter Speere, Masken und Tiertrophäen, oft von Krokodilen. Diese Häuser glichen wahren Wunderkammern, gefüllt mit Schädeln und mythologischen Verweisen. Da in Neuguinea sowohl der Klan als auch die Siedlung eine Gemeinschaft aus Lebenden und Toten repräsentierte, blieb der Verstorbene nach seinem Tod gegenwärtig.

In einem solchen Haus war das Rednerpult als Ort ritueller Streitgespräche aufgestellt. Die Diskussionen konnten mehrere Tage dauern und dienten der Klärung mythologischer und sozialer oder totemistischer Zugehörigkeiten. Da jedem Klan bestimmte Namen, Tiere, Pflanzen und Landschaftsteile zugeordnet waren, ging es in den mythologischen Streitgesprächen (*pabu*) sowohl um Rechte auf Nutzung von Eigennamen, Pfaden, Grundstücken und Jagdgebieten als auch um Rechte, etwa auf materiellen Objekten oder in totemistischen Gesängen dargestellt zu werden. Der große Neuguinea-Forscher Gregory Bateson hat den Ablauf eines rituellen Streitgesprächs beschrieben, in dem Namen ausgerufen werden, die zwei rivalisierende Klans als totemistisches Eigentum beanspruchten. Die Rechte an diesen Namen waren nur dann garantiert, wenn der jeweilige Klan das Geheimwissen, auf das sich der Name bezog, zumindest partiell offenlegte. Jedem war dabei bewusst, dass der Name in seiner Wirkmacht entwertet wurde, sobald er lückenlos in all seinen Konnotationen öffentlich gemacht würde – eine Zwickmühle, die Debatten befeuerte, ging es doch stets darum, eine fruchtbare Balance zwischen Kommunikation und Schweigen über ein Arkanum aufrechtzuerhalten.

Seit den 1930er Jahren wurde die Rolle der Männerhäuser durch die australische Kolonialverwaltung stark eingeschränkt. Europäische Kolonialpolitik zwang die Stämme in größere Staatsgebilde. Die Bevölkerung Neuguineas hat in den letzten 75 Jahren im Eiltempo einen Wandel durchgemacht, der in großen Teilen der übrigen Welt Jahrtausende in Anspruch nahm. Innerhalb weniger Jahrzehnte haben sich hier Metalle, Schrift, Maschinen, Flugzeuge, Polizei und ein moderner Staat etabliert. Als Reflex auf die Vergangenheit orientiert sich heute die Architektur des Parlamentsgebäudes in Port Moresby, der Hauptstadt von Papua-Neuguinea, an einem Männerhaus.

Ein »Männerhaus« ist auch der Plenarsaal im Bonner Bundeshaus gewesen, der bei seiner Eröffnung im Jahr 1949 zu 94 Prozent aus männlichen Mitgliedern bestand. Auf der Fotografie des Künstlers Thomas Demand sieht man den leicht zurückgestellten Kanzlerstuhl auf der Regierungsbank inklusive eines Teils vom Rednerpult. Man meint, eine authentische Reproduktion vor sich zu haben. Dabei handelt es sich um ein Kunstwerk, zumal ein flüchtiges. Demand hat sich die Mühe gemacht, dieses Ensemble in Papier nachzubauen. Mehr als ein Fotomodell will das fertiggestellte Kunstwerk nicht sein. Nachdem es fotografiert worden ist, landet es im Müll. Was bleibt, ist diese Fotografie, die einen Blickwinkel fixiert und ein Markenzeichen der Politik wiedergibt, das besonders durch die Abwesenheit von Menschen wirkt.

Ältere Betrachter erinnern sich sogleich an einen Ort deutscher Politik, der sich im nüchternen Modus präsentierte. Hier wurden in der jungen Bundesrepublik Redeschlachten ausgetragen und richtungweisende Entscheidungen gefällt, wie zum Beispiel die

Westintegration, die Wiederbewaffnung des Staates oder eineinhalb Jahrzehnte später die Verständigung mit dem Osten. Die dazugehörige Räumlichkeit war mit schwarz gebeizten charakteristischen Schreibpulten bestückt; die Messingknöpfe und Holzbalken strahlten Werthaltigkeit und Stabilität aus. Eine besondere Pointe bestand darin, dass Fernsehbilder aus dem Bundestag bis Ende der 1970er Jahre in Schwarzweiß gesendet wurden. Dass das Klappgestühl grün gepolstert war, konnte der Fernsehzuschauer also nicht wahrnehmen. Im Bundestag hat es für die Kameras nur drei Blickwinkel gegeben, eine Totale von links, die andere von rechts oben sowie den Blick ins Plenum. Gerade diese Reduzierung hat aus dem alten Bonner Bundestag eine Ikone gemacht. Der wichtigste der drei Blickwinkel war der auf den Stuhl des Bundeskanzlers rechts neben dem Rednerpult. Dort saß beispielsweise Helmut Schmidt, ins Aktenstudium versunken, oder Helmut Kohl, mit sich im Reinen, die Arme verschränkt. »Die Wirkung dieser Einstellung ist enorm: Die Akteure, die auf dem Stuhl Platz nehmen, wechseln zwar, aber der Stuhl bleibt.«[24] Dass Demands Foto keine Menschen zeigt, transformiert die Politik in einen Archetypus, schafft eine mythisch aufgeladene Distanz zum tagesaktuellen Geschehen – geprägt von Personen, die ebenso individuell wie austauschbar waren.

Funktional und würdig, jedoch ohne überflüssiges politisches Pathos hat der Architekt Hans Schwippert Raum und Mobiliar gestaltet, während sich andere Parlamentsgebäude, wie das Kapitol in Washington oder Westminster in London, zur Legitimation auf traditionelle Formen herrschaftlicher Repräsentation beziehen. Untergebracht war der Plenarsaal in einem Anbau an die Turnhalle der von 1930 bis 1933 errichteten Pädagogischen Akademie für Lehrerfortbildung. Nach der Entscheidung zugunsten Bonns als Hauptstadt 1949 wurde sie zur provisorischen Unterkunft des Bundestags und des Bundesrats umgebaut. Durchsichtigkeit, Helligkeit, klare Linien – von diesen Maximen ließ sich der Architekt bei seinem Umbau leiten. Zwei komplett verglaste Wände an den Seiten machten den Plenarsaal für die Bürgerinnen und Bürger einsehbar. Freiheit der Gesellschaft und Transparenz des politischen Systems waren das Bekenntnis, das durch die Architektur formuliert werden sollte: »Die Politik ist eine dunkle Sache, schauen wir zu, daß wir etwas Licht hineinbringen.«[25] Schwipperts moderne Architektur mit der hohen, zum Rhein hin geöffneten Glaswand, den zum Halbkreis angeordneten Sitzen der Parlamentarier und der funktionalen Einrichtung des Hauses bildete den größtmöglichen Kontrast zur pompösen Machtinszenierung der nationalsozialistischen Diktatur. Innerhalb von acht Monaten realisiert und zunächst als Provisorium gedacht bis zur endgültigen Entscheidung über den Hauptstadtsitz, sollte sich der Saal im Bewusstsein der Bürger und Bürgerinnen rasch als Symbolraum der jungen Republik verankern.

Der Plenarsaal ist ein Raumwunder, mit tausend Quadratmetern deutlich größer als sein Vorgänger im repräsentativen Berliner Reichstagsgebäude: »Das Bundeshaus in Bonn […] ist das modernste und schönste Parlamentsgebäude der Welt geworden, obwohl es gleichzeitig das bescheidenste sein dürfte«, so euphorisch kommentierte die Presse das Gebäude bei der Eröffnung. Es sei dem Architekten gelungen, »aus einfachstem Material für Bundestag und Bundesrat eine Behausung zu schaffen, die ihrer Arbeit angepaßt ist wie ein Anzug. Der erste Eindruck ist der, daß hier gearbeitet wird und daß der Mensch das Maß aller Dinge bedeutet.«[26] Weniger angetan zeigte sich Bundeskanzler Konrad Adenauer: »Es gibt nichts Ungemütlicheres, fast möchte ich sagen, Unerträglicheres, als einen Aufenthalt in einem solchen Glaskasten.«[27] Adenauer war es auch, der Schwipperts innovative Sitzordnung torpedierte. Der Architekt hatte ursprünglich eine kreisrunde, nach innen abgesenkte Sitzordnung in der Art eines Amphitheaters vor Augen. Schwippert wollte der Regierung ein Segment zuweisen, ohne dass sie innerhalb der alle Parteien vereinigenden Sitzordnung sonderlich hervorgehoben worden wäre. Auch ein Rednerpult war nicht vorgesehen, jeder Abgeordnete hätte von seinem Platz aus das Wort ergreifen sollen.

Die tatsächlich ausgeführte Sitzordnung mit ihrem zum Halbrund angeordneten Plenum, das auf die erhöhte Regierungsbank ausgerichtet war, muss als Ausdruck der Autorität gewertet werden, auf die Adenauer den Neuanfang gründen wollte. Auch die Transparenz wurde spürbar eingeschränkt. Konnten Passanten in den ersten Jahren ungehindert in den Plenarsaal schauen, wurde das Bundestagsgelände später eingezäunt. In das Gebäude gelangten nur noch angemeldete Gruppen, geführt vom parlamentarischen Besucherdienst. Der ursprünglich der Durchsichtigkeit dienende Parlamentsraum verwandelte sich zusehends in ein »Treibhaus« (Wolfgang Koeppen) innerhalb des Bonner Raumschiffs, wo – wie es den Anschein hatte – eine Politikerkaste ohne Bodenhaftung und Verbindung zum Volk ihrer Tätigkeit nachging.

10 BOTSCHAFT & ZERSTREUUNG

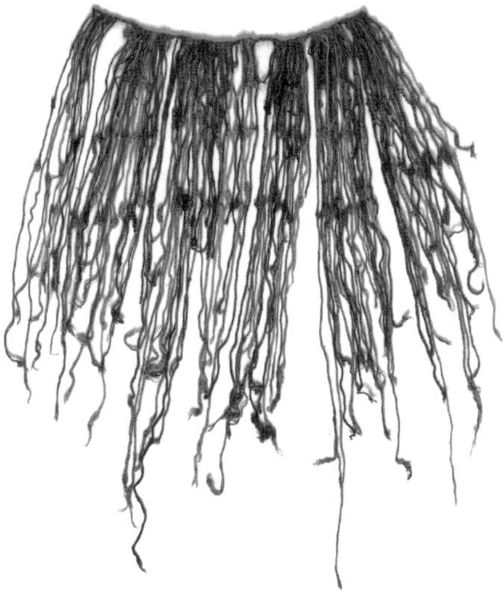

Khipu, Inka (Peru), 1400–1550

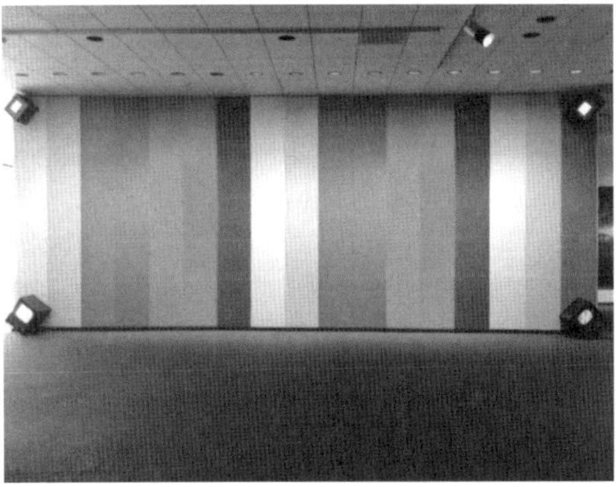

Nam June Paik, I Never Read Wittgenstein, Installation, 1998

Bis ins 19. Jahrhundert blieb die Übertragung von Mitteilungen auf Tier und Mensch, auf Pferd und Kutsche angewiesen. Die Information war ebenso an einen materiellen Träger, etwa Papier, gebunden, wie dieser materielle Träger an ein Fortbewegungsmittel gekoppelt war. Im Lauf der Geschichte sind die Medien immer kleiner und leichter geworden: von Tontafeln, die noch relativ schwer, aber bereits transportabel waren, über Papier bis zu elektronischen Zeichen. Erst die Epoche der körperlosen Übertragung von Information durch Drähte oder Funksignale führte zu einer Abkopplung der Informationsübermittlung von den Verkehrswegen. Botschaften konnten plötzlich deutlich schneller reisen als Boten, oder in den Worten Stefan Zweigs: »Die Welt ist verändert, seit es möglich ist, in Paris gleichzeitig zu wissen, was in Amsterdam, Moskau und Neapel und Lissabon in derselben Minute geschieht.«[28]

Bei den im letzten Duell vorgestellten Objekten könnte sich Informationsübertragung nicht unterschiedlicher vollziehen – zum einen durch drahtlose Vermittlung mit Hilfe elektronischer Wellen, zum anderen durch die Laufbereitschaft eines Boten, der dem Empfänger die Botschaft als Knotenmuster überreicht. An einen langen Hauptfaden wurden mehrere, aus zahlreichen Fäden bestehende farblich abgestufte Bündel aus Baumwollfasern angeknüpft, die mit verschiedenartigen Knoten versehen sind. Der aus dem Überhandknoten bestehende Franziskanerknoten sowie der Achtknoten sind am häufigsten vertreten. Je nach vertikaler und horizontaler Position in diesem vorhangähnlichen Gebilde und je nach Fadenfarbe, -länge und Knotentyp besitzen diese Knoten unterschiedliche Bedeutungen – welche genau das sind, wissen wir nicht. Die Kundigen, die die Schnüre lesen konnten, fielen den spanischen Eroberern zum Opfer, ehe das System dokumentiert werden konnte. Die meisten Knotenschnüre haben die Spanier im 16. Jahrhundert zerstört. 1981 waren noch 400 bekannt, bis 2004 sind weltweit etwa 800 Knotenmuster gefunden worden. Das Ethnologische Museum Berlin besitzt allein 289 und damit die größte Sammlung ihrer Art. Sie stammen meist aus dem 15. und 16. Jahrhundert. Als zu Beginn des 16. Jahrhunderts die spanischen Konquistadoren unter Francisco Pizzaro in Südamerika landeten, fanden sie das große Reich der Inka vor, das sich über fast 4000 Kilometer von Norden nach Süden erstreckte. Seine herausragenden Bauwerke, weiträumigen Straßennetze und das elaborierte Kunsthandwerk erstaunen bis heute, zumal sie überwiegend mit menschlicher Muskelkraft entstanden sind, also ohne Rad oder Wagen, ohne Zugtiere wie Ochse und Pferd, ohne Flaschenzug, ohne Zange und ohne Schrift im engeren Sinne.

Khipu (Quechua: »Knoten«) oder *quipu* (spanisch) ist der Name der einzigartigen Knotenschrift der südamerikanischen Indios, die schon 2500 v. Chr. genutzt wurde. *Khipus* waren besonders bei den Inka (ca. 1400 bis 1532 n. Chr.) in Altperu ein unentbehrliches Mittel der Herrschaftsausübung. In jeder Stadt, jedem Dorf und jedem Distrikt des Inkareiches hatten königliche Beamte die Aufgabe, einerseits *khipus* herzustellen und zu deuten, andererseits die Regierung über wichtige Angelegenheiten zu informieren. Derartige Beamte mit dem Titel »Wächter der Knoten« (*quipucamayoc*) residierten in jeder größeren Siedlung. Man kann sie als Buchhalter und Archivare des Inkareiches bezeichnen. Die Inka setzten auf klare Aufteilung und Distribution, ihr Reich nannten sie *tahuantinsuyu*, Land der vier Teile. Die Bevölkerung wurde von den Administratoren in Zehnergruppen geordnet. Die kleinste Einheit war eine aus zehn Familienvorständen bestehende Gruppe unter der Leitung eines Häuptlings, die größte verband 10 000 Haushalte. Diese verwaltungstechnisch leicht zu merkenden Maßeinheiten nach dem Dezimalsystem dienten vor allem statistischen Zwecken, zur Abgabenerhebung und zur Erfassung von Arbeitskräften. Zudem ließen sie sich leicht auf Knotenschnüre übertragen. Garcilaso de la Vega, El Inca genannt, weil seine Mutter Indianerin war, hat in seiner Chronik darüber berichtet, wie ein- oder mehrfarbige Schnüre gedreht und Zahlen mit Hilfe von Knoten auf den Schnüren fixiert wurden. Er hat auch die Bezeichnung »khipu« für Knoten aus der Quechua-Sprache der Inka überliefert.

Dass sich die Ursprünge der Schrift alter Kulturen aus dem Rechnungswesen, aus der Buchhaltung entwickelt haben, zeigen auch die Knotenschnüre der Inka. Auf diesem hier ausgewählten *khipu* könnten militärische Daten und Tribute festgehalten oder Ernten ausgewertet, die Zahl der bei den religiösen Schlachtungen notwendigen Tiere berechnet worden sein, oder er diente als Lieferschein, als Geburts- und Sterberegister. In den 1920er Jahren ist es dem Amerikaner Leslie Leland Locke gelungen, ein wenig Licht in das Zählsystem der Knoten zu bringen. Er erkannte auf einer nach unten gerichteten Schnur drei Knotengruppen: Die untere las er als Einer, die mittlere als Zehner und die oberste nahe der Hauptschnur als Hunderter. Daraus ergab sich eine Art Dezimalsystem. Fünf Knoten entsprächen danach der Zahl fünf, können aber je nach Knotenort auch fünfzig oder Fünfhundert bedeuten. Die Null wurde durch eine leere Gruppe angegeben. Anzahl und Lage der Knoten, die Zahl der zu Gruppen zusammengefassten Schnüre und die Abstände zwischen ihnen geben also meist komplexe Zahlenverhältnisse wieder. Die Farben der Fäden bezeichneten entweder sichtbare Gegenstände oder abstrakte Begriffe: Weiß könnte beispielsweise für Frieden stehen, gelb für Gold, rot für Blut oder Krieg. Man merkt sogleich, dass diese Farbvariationen allenfalls einen allgemeinen Hinweis auf den Kontext vermitteln. Ein volles Verständnis der Zahlenwerte und numerischen Aufzeichnungen der Knotenschnüre war nur dann gewährleistet, wenn derjenige, der für ihre Herstellung verantwortlich war, deren Zweck und inhaltlichen Bezug mündlich erläuterte. Ohne diese mündliche Kontextualisierung der königlichen Knotenwächter hatten die in einer *khipu*-Schnur gespeicherten Informationen nur bedingten Wert. Kein Wunder also, dass es in der Nachwelt, also in einer Zeit, als kein *quipucamayoc* mehr über den Inhalt und den Sachbezug der Statistiken Auskunft geben konnte, zu ausgedehnten Spekulationen über den Zweck der Knotenschnüre gekommen ist. Die Erschließung der *khipu*-Technik durch die moderne Forschung gelang auch nur deshalb, weil bei den Indios in Bolivien und Peru eine Variante der Knotenschnurtechnik, *chimpu* genannt, bis heute verbreitet ist. Hin und wieder entdeckt man Neues. Vor kurzem hat man *khipus* an einem peruanischen Ort in der Hochlandwüste gefunden, und zwar genau dort, wo sie auch benutzt worden sind – in einem Kornspeicher. In einigen Fällen befanden sich die Knotenschnüre direkt unter den Überresten von Körnern, auf die sie vermutlich verweisen. Dank dieses Funds kann man herausfinden, worin sich die Knotenschnüre für

Erdnüsse von denen für Chili unterscheiden – eine Art »Rosetta-Stein« also.

In ihrer Blütezeit hatten die Inka ein bis in letzte Winkel reichendes Straßen- und Wegesystem von gut 23000 Kilometern angelegt, auf dem ständig junge kräftige Boten mit *khipus* unterwegs waren. Läufer teilten sich die ca. 3000 Kilometer von der Pazifikküste bis ins 3400 Meter hoch gelegene Zentrum Cusco im heutigen Peru auf. Jeder *chasqui* rannte im Allgemeinen zwischen 15 und 25 Kilometer von einer Station zur nächsten, wo ihn ein anderer ablöste. Auf diese Weise konnte die gewaltige Strecke in weniger als einer Woche zurückgelegt werden. Die Läufer trugen Knotenschnüre, auf denen statistische Informationen zu Ernteerträgen, Truppenstärken oder Bevölkerungszahlen abgelesen werden konnten. Die These, dass alle Medien eigentlich Transportmittel sind, die eine Übertragung von Bedeutungseinheiten von einem Punkt im Raum zu einem anderen ins Werk setzen, lässt sich bei den Inka besonders gut nachvollziehen.

Die Entwicklung verdrahteter Telegrafie zur Radio-Telegrafie stellt den entscheidenden Schritt bei der Herausbildung dessen dar, was in der zweiten Hälfte des 20. Jahrhunderts »Massenmedien« genannt wird. Die körperlose Übertragung ergreift zuerst die Zeichen (Telegrafie) und in einem zweiten Schritt das Trägermedium, die Kabel. Der französische Philosoph Paul Virilio stellte die These auf, dass die Übertragung von Bildern und Informationen in Echtzeit den physikalischen Raum ganz verschwinden lasse und damit auch das kulturelle und individuelle Bewusstsein von Dauer zerstöre. Zugleich aber bildet sich unterhalb dieser Schicht oberflächlicher Bewegtheit ein »rasender Stillstand« aus, eine sogenannte allgemeine Ataraxie.

Wenn Bewegungsexzess in Bewegungslosigkeit umschlägt, befinden wir uns in der Installationswelt von Nam June Paik. Eine bunte großflächige Wand zitiert die sieben Farbstreifen des TV-Testbilds, flimmernde Fernsehgeräte in jedem ihrer vier Winkel zeigen synchron immer die gleichen Videosequenzen. Mit dem Titel *I Never Read Wittgenstein* persifliert der Künstler einen berühmten Satz des Philosophen Ludwig Wittgenstein. Dessen Forderung »wovon man nicht sprechen kann, darüber muss man schweigen« scheint durch Paiks Titel wie auch durch die laufenden Fernseher in eine Sendedauerschleife zu münden. Ein Spektrum aus Farbstreifen eignet sich für Meditation ebenso wie die eintönigen Programm-Strudel, die auf den Monitoren zu sehen sind, so vielleicht die Botschaft des Künstlers. Wird hier das geschwätzige Fernsehen als Leitmedium der zweiten Hälfte des 20. Jahrhunderts – 1980 waren in der Bundesrepublik von 24,8 Millionen Haushalten 20,7 Millionen mit einem Fernsehgerät ausgestattet – zum Schweigen gebracht? Oder sieht der Koreaner Paik, von Zen-Buddhismus und asiatischer Philosophie geprägt, im Fernsehen Leere und Erleuchtung vereint? Auch Paiks berühmte *closed-circuit-installations* scheinen derartige Assoziationen zu nähren. Für *TV Buddha* hat Paik eine Buddha-Statue vor einen Monitor gesetzt: Eine Kamera nimmt den Kopf der Figur auf, so dass der Buddha sein Abbild auf dem Bildschirm betrachtet. Paik stellt auf diese Weise den Medienkonsumenten ironisch dar und übt Kritik an der westlichen Vereinnahmung östlicher Praktiken.

Während Knotenschnüre nichtsprachliche Inhalte festhalten, deren Bedeutung durch die Kombination mit der gesprochenen Sprache zum Ausdruck gebracht werden muss, ist das Fernsehen ein aufdringliches Medium, das den Nutzer mit all seinen Sinnen gefangen nimmt. Man kann sich fragen, was die Rezeption von Bildern verschiedener Ereignisse in losem – oder auch völlig ohne kausalen – Zusammenhang bei uns auslöst. Das Fernsehbild ist das erste Bild, das man ein-, aus- und sogar umschalten kann. Es ist elektrisch und hat die westliche Populärkultur von der Mitte des 20. Jahrhunderts bis um die Jahrtausendwende fasziniert. Das Medium Fernsehen erzeugt Prominenz, indem es Bilder von Politikern, Sportlern, Musikern, Nachrichtenmoderatoren zeigt, während sich die Zuschauer vor dem Fernseher einbilden, sie seien mit ihnen vertraut. Wechselseitige Kommunikation, *face-to-face*-Beziehungen werden überflüssig. Das Fernsehen hat Lebenswelten umgestülpt, Verhaltensweisen kollektiviert. Es hat neue Zeitordnungen geschaffen und durchgesetzt, von einem veränderten Tages- und Wochenrhythmus bis zum Grundverständnis von Aktualität. Die Mattscheibe oder Glotze ist über Jahrzehnte ein unentbehrliches Möbelstück gewesen. Bald richtete sich die Einrichtung des Wohnzimmers ganz nach dem neuen Gegenstand aus: Die Familie saß nun nicht mehr um den Tisch herum, sondern im Halbkreis vor dem Fernsehapparat. Die Zuschauer mussten nicht mehr selbst hinaus in die Welt, die Bilderwelt kam zu ihnen. Im Hemd, in Pantoffeln, mit einer Flasche Bier in der Hand oder mit Lockenwicklern im Haar konnten die Menschen nun einem Krimi oder einer Show folgen, und sobald sie gelangweilt waren, schalteten sie einfach um oder aus.

Das Fernsehen erfüllt mit der Herstellung von Bildern aus elektrischen Impulsen und der Nutzung von Radiowellen zur Bildübertragung den Menschheitstraum, auf der Erde weiter sehen zu können, als das bloße Auge reicht. Die zum Fernsehen notwendige Apparatur transformierte den Traum in einen technischen Vorgang. Das Sehen in der Ablösung vom Sehenden vergegenständlichte sich, wurde ersetzt durch ein mit industrieller Technik geliefertes Bild: Der Mensch, der an dem einen Endpunkt der technischen Apparatur »Fernsehen« die Bilder sieht und in sich aufnimmt, kann in der Regel deren Aufnahme nicht mehr selbst steuern. Er empfängt nur noch, was andere für ihn aufgenommen haben. Aus dem »Fernseher«, ursprünglich eine Person, wird ein Gerät, ein Ding, aus dem flüchtige Bilderwelten herauskommen. Das Fernsehen tritt als Kette verschiedener Sendungen auf. Diesen fließenden Bildern steht ein Zuschauer gegenüber, der – wenn er nicht schon mediensüchtig geworden ist – seinen Tagesablauf auf den Fernseher abstimmt.

Die Live-Berichterstattung versetzte dem Fernsehen einen zusätzlichen Schub. Ein Ereignis an einem entfernten Ort konnte man nun im Augenblick seines Geschehens, also in Echtzeit, im eigenen Wohnzimmer verfolgen. Der Live-Charakter des Gezeigten gewann auch deswegen besondere Bedeutung, weil er jede Gestaltung, jede Manipulation auszuschließen schien: Jeder war und ist überzeugt, dass das Gezeigte die Realität unverfälscht wiedergibt. Der amerikanische Medienkritiker Neil Postman vertrat die These, dass das Fernsehen die Urteilsbildung der Bürger gefährde und dass der Zwang zur Bebilderung zu einer Entleerung der Inhalte von Politik und Kultur führe. Er prägte dafür den Begriff »Infotainment«. Fernsehbilder liefern immer nur Bruchstücke, sie kennen meist keinen Kontext und keine Kontinuität, sie sind ausgerichtet auf Schnelligkeit, Einfachheit, auf Spannung und Abwechslung. Logisches Denken werde – so Postman – zugunsten von Emotionalität und Oberflächlichkeit unterdrückt.

Jahrzehntelang fehlte zu diesem omnipräsenten Medium eine zusammenhängende Theorie, wie es sie zum Beispiel für das Kino in den Filmwissenschaften gibt. Doch haben sich schon früh Künstler mit dem bewegten Bild aus der Kiste befasst. Nam June Paik kam ursprünglich aus der experimentellen Neuen Musik, ist aber dann mit seinen Videoinstallationen berühmt geworden. Bei ihm blicken die Monitore ironisch zurück. Paik versteht es, mit dem Fernseher spielerisch umzugehen. Zu Beginn war der Aufwand gering. Es reichte, den Fernseher um neunzig Grad zu kippen und ihm den Titel *Zen for TV* (1963) zu geben. Bei *Magnet-TV* manipulierte er die Fernsehbilder durch einen Magneten, den er auf den Kasten legte. Vor allem mit seinem Frühwerk rebellierte Paik gegen den uniformen Sendebrei eines allgegenwärtigen technologischen Mediums, das sein kommunikatives Potenzial längst verspielt hat. »Das Fernsehen hat uns ein Leben lang attackiert. Jetzt schlagen wir zurück«, verkündete er 1973 und probte damit den »Aufstand der Zeichen« gegen die Macht des Mediums.

Kein Medium ohne Ding, ohne Materialität, keine Schrift ohne Schriftträger, kein Klang ohne Klangträger, kein Bild ohne Bildträger. Selbst das Internet stellt trotz seiner Funkkomponenten ein Rohr- bzw. Kabelsystem dar – Glasfasern, die auf dem Meeresgrund liegen und die Kontinente verbinden, Rohre, die Google und Facebook verknüpfen. Vielleicht ist es kein Zufall, dass Mitte der 1990er Jahre mit dem massiven Ausbau des Breitbandnetzes für das Internet eine Medientheorie auftrat, die die Kategorie der Übertragung in den Mittelpunkt stellte.[29] Bei Régis Debray steht statt Kommunikation »transmission« im Fokus einer weit ausholenden Medientheorie. »Übertragung« bedeutet bei ihm nicht nur Transport, sondern immer auch Transformation des Übertragenen. Was »übertragen« wird, geht der Übertragung nicht einfach voraus, sondern wird von ihr mit erzeugt. Die Übertragung vergegenständlicht sich mit Hilfe der Medien – auf Tontafel, Knotenschnüren oder Papier, in elektromagnetischen Wellen und auf Tonbändern. Gedanken müssen sich vom Menschen lösen können. Erst wenn sie materiell gespeichert worden sind, kann ein mobiler, kollektiver Traditionszusammenhang entstehen. Obwohl es so scheint, als seien *khipus* ausschließlich zu statistischen Zwecken verwendet worden, gibt es Stimmen, die den Knotenschnüren auch eine Funktion als Speicher für Mythen, Gesetzessammlungen und Erzählungen zuweisen. Die meisten der alten *khipus* fand man in Gräbern. Vielleicht sind in Knotenschnüren auch magische Zahlenkombinationen verknüpft, die die Ruhe der Toten gewährleisten sollten. Gary Urton von der Harvard University, Experte für die Entzifferung der Knotenschnüre, ist davon überzeugt, dass in den *khipus* eine binäre Sprache steckt, die sich möglicherweise wie eine Art Schrift entziffern lässt. Während man schon in fernen Inkazeiten Spezialisten benötigte, die die Knotenschnüre in ihrer Bedeutungsvielfalt aufknüpfen und interpretieren konnten, bleibt beim Bilder und Töne ausstrahlenden Fernseher inklusive seines apathischen, gleichgültigen, oft gelangweilten Nutzers inhaltlich nichts mehr unerklärt.

21 Interessanterweise bezeichnet im Deutschen die germanische Buchstabenfolge »g-i-f-t«, die im Englischen »Geschenk« bedeutet, eine »schädliche Substanz«.

22 Gerd Koch, *Materielle Kultur der Santa-Cruz-Inseln*, Berlin 1971, S. 6 (Vorwort). Wie man am Duktus seiner Stellungnahme merkt, blieb Koch der Gestus europäischer Überlegenheit nicht vollkommen fremd.

23 Rudimente dieses Brauchs begegnen uns heute noch, wenn man auf Autobahnrastplätzen auf Insassen von Fahrzeugen stößt, deren erste Buchstaben des Kennzeichens mit dem eigenen übereinstimmen.

24 Thomas Demand im Interview mit Christoph Amend, *Zeit-Magazin*, Nr. 39, 17. September 2009.

25 Hans Schwippert, zitiert nach Wern Meyer-Waldeck, »Das Bundesparlament in Bonn«, in: *Architektur und Wohnform*, Heft 5 (1950), S. 99.

26 Will Grohmann, »Das hellste Parlamentsgebäude der Welt«, in: *Die Neue Zeitung*, Berlin, 4. März 1951.

27 Schreiben von Konrad Adenauer an Hans Schwippert, 30. Juni 1949, zitiert nach Gerda Breuer / Hans Schwippert, *Bonner Bundeshaus 1949. Mit einer Auswahl aus dem Briefwechsel mit Konrad Adenauer*, Tübingen / Berlin 2009, S. 67.

28 Stefan Zweig, »Das erste Wort über den Ozean. Cyrus W. Field«, 28. Juli 1858, in: ders., *Sternstunden der Menschheit. Zwölf historische Miniaturen*, Darmstadt [9]1989, S. 159–182, hier S. 163.

29 Régis Debray, *Introduction à la médiologie*, Paris 2000.

AUSGEWÄHLTE LITERATUR

1 Stein & Gold

Aldersey-Williams, Hugh: El Dorado, in: ders.: Das wilde Leben der Elemente. Wie Chemie Geschichte gemacht hat, München 2013, S. 19–34.

Bredekamp, Horst: Der Faustkeil und die ikonische Differenz, in: Franz Engel/Sabine Marienberg (Hrsg.): Das Entgegenkommende Denken. Verstehen zwischen Form und Empfindung, Berlin 2016, S. 105–118.

Caillois, Roger: Die Schrift der Steine, Graz 2004 (frz. Orig. 1966).

Leroi-Gourhan, André: Hand und Wort. Die Evolution von Technik, Sprache und Kunst, Frankfurt am Main 1988.

Le Tensorer, Jean-Marie: Faustkeile, in: Harald Floss (Hrsg.): Steinartefakte – Vom Altpaläolithikum bis in die Neuzeit, Tübingen 2012, S. 209–218.

Schrenk, Friedemann: Die Frühzeit des Menschen. Der Weg zum Homo sapiens, München ^{5}2008.

2 Zähmung & Wildnis

Franz Marc. Pferde, hrsg. von Christian von Holst für die Staatsgalerie Stuttgart, Ausstellungskatalog, Ostfildern-Ruit 2000.

Hartmann, Horst: Die Plains- und Prärieindianer Nordamerikas (Veröffentlichungen des Museums für Völkerkunde, N. F., 22), Berlin 1973.

Klann, Kilian: Mató-Tópe. Chief der Mandan, Künstler, Regenmacher und Freund der Weisen, Wyk auf Föhr 2007.

Macho, Thomas: Tiere – Menschen – Maschinen. Zur Kritik der Anthropologie, Frankfurt am Main 2009.

Mensch und Tier. Eine paradoxe Beziehung, hrsg. von der Stiftung Deutsches Hygiene-Museum. Begleitbuch zur Ausstellung, Ostfildern-Ruit 2002.

Raulff, Ulrich: Das letzte Jahrhundert der Pferde. Geschichte einer Trennung, München 2015.

Waal, Frans de: Are We Smart Enough to Know How Smart Animals Are?, New York/London 2016.

3 Tod & Ewigkeit

Butz, Herbert: Frühe chinesische Bronzen aus der Sammlung Klingenberg. Museum für Ostasiatische Kunst, Berlin 1993.

Cave, Stephen: Unsterblich. Die Sehnsucht nach dem ewigen Leben als Triebkraft unserer Zivilisation, Frankfurt am Main 2012.

Cholidis, Nadja/Lutz, Martin (Hrsg.): Tell Halaf. Im Krieg zerstörte Denkmäler und ihre Restaurierung, Berlin 2010.

Deydier, Christian: Chinesische Bronzen, München 1981.

Dubiel, Ulrike: Kultraum und Grüfte, in: Abenteuer Orient. Max von Oppenheim und seine Entdeckung des Tell Halaf. Kunst- und Ausstellungshalle Bonn, Berlin 2014, S. 143–154.

Macho, Thomas: Todesmetaphern. Zur Logik einer Grenzerfahrung, Frankfurt am Main 1987.

Osten-Sacken, Elisabeth von der: Sterben, Trauer, Tod im Alten Orient, in: Christoph Elsas (Hrsg.): Sterben, Tod und Trauer in den Religionen und Kulturen der Welt. Gemeinsamkeiten und Besonderheiten in Theorie und Praxis, Hamburg 2007, S. 131–168.

4 Geräusch & Ekstase

Eliade, Mircea: Schamanismus und archaische Ekstasetechnik, Frankfurt am Main 1975 (französisches Original 1951).

Krieger, Georg: Windharfe und Musik, in: ders. / Mins Minssen / Erich Bäuerle / Alexander Pilipczuk / Jürgen Hagen: Äolsharfen. Der Wind als Musikant, Frankfurt am Main 1997, S. 57–89.

Minssen, Mins: Die Windharfe als Stimme der Natur zwischen romantischer Tradition und technischer Vision, in: ders. / Georg Krieger / Erich Bäuerle / Alexander Pilipczuk / Jürgen Hagen: Äolsharfen. Der Wind als Musikant, Frankfurt am Main 1997, S. 19–55.

Neher, Andrew: A Physiological Explanation of Unusual Behavior in Ceremonies Involving Drums, in: Human Biology 34 (1962), S. 151–160.

Oppitz, Michael: Trommeln der Schamanen, Völkerkundemuseum der Universität Zürich, Zürich 2007.

Schafer, R. Murray: Klang und Krach. Eine Kulturgeschichte des Hörens, Frankfurt am Main 1988 (amerikanisches Original 1977).

5 Tracht & Mode

Kaeppler, Adrienne: Hawaiian Featherwork. Catalogue Raisonné of pre-1900 Feathered-God Images, Cloaks, Capes, Helmets. Edited for the Nationalgalerie – Staatliche Museen zu Berlin by Willem de Rooij and Benjamin Meyer-Krahmer, Berlin 2010.

König, René: Kleider und Leute, Frankfurt am Main 1967.

Lehnert, Gertrud: Coco Chanel emanzipiert die Frauen, in: dies.: Frauen machen Mode. Coco Chanel, Jil Sander, Vivienne Westwood u. a. m. Modeschöpferinnen vom 18. Jahrhundert bis heute, Dortmund 1998, S. 67–114.

Loschek, Ingrid: Mode. Verführung und Notwendigkeit. Struktur und Strategie der Aussehensveränderungen, München 1991.

Schindlbeck, Markus: Der Federmantel von Hawai'i in der Berliner Sammlung, in: Baessler-Archiv 58 (2010), S. 139–158.

Simmel, Georg: Die Mode [1911], in: Das Abenteuer des Lebens. Philosophische Versuche, Berlin 2018, S. 23–54.

Vinken, Barbara: Angezogen: Das Geheimnis der Mode, Stuttgart 2013.

6 Gestalt & Wunder

Böhme, Hartmut: Fetischismus und Kultur. Eine andere Theorie der Moderne, Reinbek bei Hamburg 2006.

Eisenhofer, Stefan: Manifestationen der Wildheit oder »Meisterwerke der Weltkunst?« – »Fetische« aus Afrika und der westliche Blick, in: Christine Blättler / Falko Schmieder (Hrsg.): In Gegenwart des Fetischs, Wien / Berlin 2014, S. 151–163.

Franke, Anselm: Jenseits der Wiederkehr des Verdrängten, in: Animismus. Moderne hinter Spiegeln – Animism. Modernity through Looking Glass, hrsg. von dems. und Sabine Folie, Wien/Köln 2011, S. 19–36.
Kohl, Karl-Heinz: Die Macht der Dinge. Geschichte und Theorie sakraler Objekte, München 2003, S. 191–203.
Toussaint, Gia: Kreuz und Knochen. Reliquien zur Zeit der Kreuzzüge, Berlin 2011.
Visser, Robert: Über Fetischdienst, Aberglaube und damit zusammenhängende Gebräuche der Kongo-Neger, in: Jahresbericht des Naturwissenschaftlichen Vereins zu Krefeld (1906/07), S. 52–63.

7 Denken & Spiel

Bobzin, Anne/Weber, Klaus: Das Bauhaus-Schachspiel von Josef Hartwig, Berlin 2006.
Caillois, Roger: Die Spiele und die Menschen. Maske und Rausch [1958], Frankfurt am Main 1982.
Holländer, Hans: Schachfiguren im Bode-Museum, in: Nicht die Bibliothek, sondern das Auge. Westeuropäische Skulptur und Malerei an der Wende zur Neuzeit. Beiträge zu Ehren von Hartmut Krohm. Hrsg. von der Skulpturensammlung der Staatlichen Museen zu Berlin und Tobias Kunz, Petersberg 2008, S. 15–21.
Huizinga, Johan: Homo Ludens. Vom Ursprung der Kultur im Spiel [1938], Reinbek [18]2001.
Petzold, Joachim: Das königliche Spiel. Die Kulturgeschichte des Schach. Mit einem Geleitwort von Lothar Schmid, Stuttgart 1987.
Wichmann, Hans/Wichmann, Siegfried: Schach. Ursprung und Wandlung der Spielfigur in zwölf Jahrhunderten, München 1960.

8 Handel & Wandel

Godelier, Maurice: Das Rätsel der Gabe. Geld, Geschenke, heilige Objekte, München 1999.
Koch, Gerd: Materielle Kultur der Santa-Cruz-Inseln, unter besonderer Berücksichtigung der Riff-Inseln, Berlin 1971.

Petter-Wahnschaffe, Katrin: Hans Holbein und der Stalhof in London, Berlin / München 2010.
Sahlins, Marshall: The Spirit of the Gift, in: ders.: Stone Age Economics, Chicago / New York 1972, S. 149–185.
Tenenti, Alberto: Der Kaufmann und der Bankier, in: Eugenio Garin (Hrsg.): Der Mensch der Renaissance, Frankfurt am Main 1990 (ital. Orig. 1988), S. 215–250.

9 Argument & Erzählung

Barnstone, Deborah Ascher: The Transparent State. Architecture and Politics in Postwar Germany, New York 2005.
Bateson, Gregory: Social Structure of the latmül People of the Sepik River, in: Oceania 2 (1932), S. 245–291.
Diamond, Jared: Vermächtnis. Was wir von traditionellen Gesellschaften lernen können, Frankfurt am Main 2012.
Hauser-Schäublin, Brigitta: Kulthäuser in Nordneuguinea. Teil I: Architektur, Funktion und Symbolik des Kulthauses bei den Abelam, Teil II: Vergleichende Studien zu Kulthäusern im Sepik-Gebiet und an der Nordküste, Berlin 1989.
Service, Elman Rogers: Origins of the State and Civilization. The Process of Cultural Evolution, New York 1975.
Tanz der Ahnen. Kunst vom Sepik in Papua-Neuguinea. Hrsg. von Philippe Peltoer/Markus Schindlbeck/Christian Kaufmann (Ausstellungskatalog: Berliner Festspiele, Martin-Gropius-Bau/Museum Rietberg Stadt Zürich/Musée Du Quai Branly), München 2015.
Wefing, Heinrich: Parlamentsarchitektur. Zur Selbstdarstellung der Demokratie in ihren Bauwerken. Eine Untersuchung am Beispiel des Bonner Bundeshauses, Berlin 1995.

10 Botschaft & Zerstreuung

Ascher, Marcia/Ascher, Robert: Code of the Quipu. A Study in Media, Mathematics, and Culture, Ann Arbor 1981.
Decker, Edith: Paik, Video, Köln 1988.

Engell, Lorenz: Fernsehtheorie zur Einführung, Hamburg 2012.
Hartmann, Frank: Globale Medienkultur. Technik, Geschichte, Theorien, Wien 2006.
Hörisch, Jochen: Der Sinn und die Sinne. Eine Geschichte der Medien, Frankfurt am Main 2001.
Krämer, Sybille: Medium, Bote, Übertragung. Kleine Metaphysik der Medialität, Frankfurt am Main 2008.
Laube, Stefan: Übertragen, in: Historisches Wörterbuch des Mediengebrauchs, hrsg. v. Heiko Christians u.a., Bd. 2, Köln u.a. 2018, S. 458–481.
Postman, Neil: Wir amüsieren uns zu Tode. Urteilsbildung im Zeitalter der Unterhaltungsindustrie, Frankfurt am Main 1985.
Salomon, Frank: The Cord Keepers: Khipus and Cultural Life in a Peruvian Village, Durham 2004.
Schmelz, Bernd: Die Inka. Geschichte und Kultur, Stuttgart 2013.

BILDNACHWEIS

Alle hier vorgestellten Objekte befinden sich in den Staatlichen Museen zu Berlin.

S. 11:
Goldfigur: Fundort: Antioquia, Gold-Kupfer-Legierung (Tumbaga), 26 × 10,5 × 8 cm, 692,5 g, Ethnologisches Museum (Humboldt Forum)
Faustkeil: Länge: ca. 20 cm, Acheuléen, Abbeville, Saint-Acheul, Museum für Vor- und Frühgeschichte (Neues Museum), Foto Stefan Laube
S. 23:
Bisonrobe: Höhe: 188 cm, Breite: 218 cm, Sammlung Prinz zu Wied, Ethnologisches Museum (Humboldt Forum), Foto Stefan Laube
Franz Marc: 59 × 80,5 cm, Leihgabe aus Privatbesitz, Neue Nationalgalerie (Kulturforum)

S. 35:

Doppelsitzbild: Basalt, 89 × 88 × 40 cm, Leihgabe der Max Freiherr von Oppenheim-Stiftung, Köln, Vorderasiatisches Museum (Museumsinsel)

Ritualgefäß: Höhe: 22,7 cm, Gewicht: 2,5 kg, Sammlung Klingenberg, Museum für Asiatische Kunst (Humboldt Forum)

S. 47:

Schamanentrommel: Bemaltes Leder über Holz gespannt, Durchmesser: 74 cm, Höhe: 18 cm, Johann-Adrian-Jacobsen-Sammlung, Ethnologisches Museum (Humboldt Forum)

Äolsharfe: Höhe: ca. 100 cm, Musikinstrumenten-Museum (Kulturforum), Foto Stefan Laube

S. 59:

Federmantel: Federn, Pflanzenfaser, Höhe × Breite × Tiefe: 128 × 225 × 115 cm, Gewicht: ca. 20 kg, Ethnologisches Museum (Humboldt Forum)

Chanel-Kleid: Herstellungsort: Paris. Dunkelblaue Seide, Länge: 124 cm, Kunstgewerbemuseum (Kulturforum)

S. 71:

Kraftfigur: Holz, Eisen, Keramik, Höhe: 117 cm, Sammlung Robert Visser, © bpk / Ethnologisches Museum (Humboldt Forum), Claudia Obrocki

Armreliquiar: Höhe: 55,3 cm, © bpk / Kunstgewerbemuseum (Kulturforum)

S. 83:

Schachkönigin: Erworben 1855 für die Kunstkammer, © bpk / Skulpturensammlung (Bode-Museum), Antje Voigt

Bauhaus-Schach: Esche, Mahagoni, © bpk / Kunstgewerbemuseum (Kulturforum), VG Bild-Kunst, Bonn 2019

S. 93:

Hans Holbein: 97,5 × 86,2 cm, 1821 mit der Sammlung Solly erworben, Gemäldegalerie (Kulturforum)

Segelboot: Holz, teilweise weiße Bemalung, 840 × 720 × 580 cm mit Segel, Gewicht: 1069 kg, © bpk / Ethnologisches Museum (Humboldt Forum), MV Fotoatelier

S. 105:

Rednerpult: Holz, Kauri-Schneckengehäuse, Pflanzenfaser, Menschenhaar, Höhe: ca. 120 cm, Gewicht: ca. 21 kg, © bpk / Ethnologisches Museum (Humboldt Forum)

Thomas Demand: Papier und Pappe, Fotografie, © bpk / Neue Nationalgalerie (Hamburger Bahnhof) / Thomas Demand, VG Bild-Kunst, Bonn 2019

S. 117:

Khipu: Baumwolle, Länge: 63 cm, Breite: 35 cm, Gewicht: knapp 2 kg, Sammler Wilhelm Gretzer, © bpk / Ethnologisches Museum (Humboldt Forum), Claudia Obrocki

Nam June Paik: Neue Nationalgalerie (Kulturforum), © Nam June Paik Estate, New York, Foto Stefan Laube

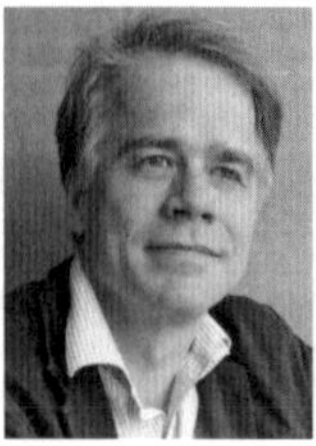

Stefan Laube ist Kulturwissenschaftler und Historiker. Er lehrt an der Humboldt-Universität zu Berlin und forscht an der Herzog August Bibliothek Wolfenbüttel zur Bildsprache der Alchemie.

Objekte im Duell erschien im Frühjahr 2019
als 241. *SVLTO.*

Emser Straße 40/41, 10719 Berlin
www.wagenbach.de
Umschlaggestaltung Julie August unter Verwendung der Abbildung © bpk / Skulpturensammlung und Museum für Byzantinische Kunst, SMB / Antje Voigt. Gesetzt aus der Concorde BQ. Vorsatzpapier und Leinen von Gebr. Schabert, Strullendorf. Gedruckt auf Schleipen bei Kösel, Krugzell. Printed in Germany.

ISBN 978 3 8031 1340 5